U0681279

经济管理学术文库·管理类

外派经理适应模式与调整策略研究

The Study on Adaptive Modes and Strategies for Expatriate Managers

姜金栋 / 著

经济管理出版社
ECONOMY & MANAGEMENT PUBLISHING HOUSE

图书在版编目（CIP）数据

外派经理适应模式与调整策略研究/姜金栋著. —北京：经济管理出版社，2015.7
ISBN 978 - 7 - 5096 - 3402 - 8

Ⅰ.①外… Ⅱ.①姜… Ⅲ.①跨国公司—企业管理—人力资源管理—研究—中国
Ⅳ.①F279.247

中国版本图书馆 CIP 数据核字（2014）第 219572 号

组稿编辑：王光艳
责任编辑：许　兵
责任印制：黄章平
责任校对：超　凡

出版发行：经济管理出版社
　　　　　（北京市海淀区北蜂窝 8 号中雅大厦 A 座 11 层　100038）
网　　　址：www. E - mp. com. cn
电　　　话：（010）51915602
印　　　刷：北京银祥印刷厂
经　　　销：新华书店
开　　　本：720mm×1000mm/16
印　　　张：10.75
字　　　数：171 千字
版　　　次：2015 年 7 月第 1 版　　2015 年 7 月第 1 次印刷
书　　　号：ISBN 978 - 7 - 5096 - 3402 - 8
定　　　价：48.00 元

前　　言

外派经理适应异地工作问题一直是跨地区经营实践和国际人力资源管理理论研究的焦点问题。以往在外派经理适应调整方面有较多研究，提出了外派适应类型和阶段的假设，分析了外派适应调整中的工作任务、文化差异、组织支持和群体关系等因素的影响。但很少有通过实证方式研究外派适应性调整的模式与策略。本书运用 ASD 多阶段适应理论，将外派适应调整看作是对于多阶段外派难题的适应，并运用模式和策略进行适应调整的过程。外派适应成功与否，取决于众多因素的作用，本书围绕外派适应进行构思，运用了 ASD 多阶段适应匹配理论，从影响外派适应与外派绩效的多个方面入手，研究了心理契约与期望匹配、角色认知、组织支持、LMX 和外派任务等变量的影响，提出了外派适应的四个维度组成的适应调整模式和多阶段适应调整策略组合，最后得到外派经理适应调整的模式与策略整合模型，并为此展开了一系列研究。

通过半结构化与结构化访谈法、案例分析和关键事件访谈技术，对 15 名外派经理人员进行了预访谈，对三家跨地区经营能力较强的企业进行了外派人员管理的案例分析，对 19 名外派经理进行了多阶段外派适应策略的关键事件访谈。在预访谈中，对外派经理选拔的能力要求、程序、公司支持政策、考核、适应与管理难题进行了了解。综合预访谈和对 6 个案例的分析，初步提出了影响外派适应调整的多个因素，如角色、组织支持、LMX、外派任务和跨文化适应等。通过对 19 名外派经理的多阶段适应策略的深度访谈发现，外派经理不适应较多出现在磨合期、震荡适应期和发展掌握期三阶段性，适应调整策略在不同阶段出现较大差异。另外，对国有企业和民营企业的外派经理适应差异也进行了讨论。

运用 Yan（2002）等的理论模型，在总结心理契约和期望匹配研究的基础上，对组织和个人期望匹配的 4 种组合模式与外派绩效的关系进行了研究。个体和组织对外派都会有两种期望：关系期望和交易期望。在提出并验证外派绩效的四因素模型（组织业务拓展、组织社会形象、个人职业发展和个人内在成长）基础上，研究发现，不同的期望匹配模式将在外派绩效的四个因素上出现不同形态的差异，并没有某种匹配模式能够在所有的外派绩效维度上最优。但总的来说，当个体与组织期望的组合模式为相互忠诚时，组织绩效水平更高；当组合模式为组织机会时，个体发展与内在成长的绩效水平更高。

本书主要也关注了外派适应调整的适应模式，从验证性因子分析得到了外派适应的任务调整、向外调整、向内调整和情绪调整四个维度。同时还关注了多个背景因素和前因变量对外派适应模式的影响。从回归分析得到角色认知变量、上下级关系和组织支持对适应模式影响显著，而对于不同适应模式来说，主要影响因素会有所变化。外派任务类型对组织支持、角色认知和上下级关系与调整模式的关系起缓冲作用，而对角色认知与调整模式之间的缓冲作用不显著。

本研究还将 Van Oudenhoven（2001）的 9 个外派适应策略根据以往研究和访谈分析分为特定于磨合期策略、特定于震荡适应期策略、特定于发展掌握期策略和跨阶段策略，采取准实验设计研究外派适应策略模式在外派适应的三个阶段上被运用的合适性。通过模拟策略运用模式，采用三阶段外派适应难题作为实验任务，经过实验组和控制组的比较，得到研究结果：在磨合期，实验组的策略模式是适应于磨合期的策略（文化认同和开放心态策略）和跨阶段策略组成的策略组合，而控制组评价的策略组合是跨阶段策略组合和不适合于该阶段的策略（信任承诺和情绪稳定策略）所组成的策略组合。通过两组的差异性比较可以得到：文化认同和开放心态组成的策略模式更适合于磨合期的外派适应调整，对完成该阶段的典型适应性难题能够获得更好的绩效。同理，震荡适应期外派调整策略组合运用的差异性分析表明，情绪稳定、行动导向和跨阶段策略组成的策略模式相对于文化认同和坚持不懈组成的策略模式，更适合于震荡适应期的外派适应调整，对完成该阶段的典型适应性难题能够获得更好的绩效。发展掌握期外派调整策略组合运用的差异性分析表明，坚持不懈、信任承诺和跨阶段策略组成的策略模式相对于开放心态和行动导向组成的策略模式更适合于发展掌握期的外派适应调整，对完成该阶段的典型适应性难题能够获得更好的绩效。

　　本书系统概括了外派经理适应模式与策略的主要研究结论，构建了外派经理适应调整模式与策略的整合模型，探讨了其理论进展和现实意义，指出了本研究存在的不足与有待进一步解决的理论问题。

目　　录

第1章 外派适应模式与调整策略 研究的文献总结与研究框架

1.1 引 言

目前全球化进程日益加快，全球化市场的生产与消费量占全球总量的20%左右——全球28兆美元国内生产总值（GDP）中的6兆（Bryan 和 Fraser，1999）。未来全球化进程给企业运营带来有利的方面是公司将能够获得全球最好的资源：最优秀的人才、最广阔的市场、最先进的技术、最价廉物美的产品和服务供应商；不利的方面是风险的增加，每个行业将必须与最强劲的对手竞争，而正在走向一体化的市场将变得更加捉摸不定。近几年，多元本地化和全球化公司开始趋同于全球本地化或跨国经营的模式，并将两种模式的优点合而为一（Bartlett 和 Ghoshal，1989）。跨国经营的模式依靠更大规模的内部一体化能力，获取全球专业化程度和规模优势，同时在本地获取特权（Bryan & Fraser，1997）。成功实施全球性或跨区域战略日益强调企业要具有国际或跨区域经营能力的管理人才，并能运用适当的人力资源管理政策。因此，外派经理个人和跨区域经营企业都需要具有适应调整机制，以灵活适应传统、文化与社会制度等构成的异地经营环境和实施企业整体战略（库仑，2000）。

国际或跨地区人力资源管理决策主要基于公司如何面对全球与地区两难问题

（Adler 和 Bartholomeu，1992）。对于跨地区经营的企业来说，人力资源管理导向可能选择以民族中心导向、多中心导向、地区导向和全球导向的管理策略，这些管理导向反映企业在协调其对经理和技术员工的国际化或跨区域人力资源管理活动的政策与战略（Adler 和 Ghadar，1990；Heenan 和 Perlmutter，1979）。以民族中心为导向的人力资源战略能够具有更大的控制性和忠诚度，但有可能限制外派人员的职业生涯发展；采取以地区中心或多中心为导向的公司需要按国家或地区调整人力资源管理方式，能够有效减少外派人员当地文化的适应性调整难题，但带来与母公司协调问题；而全球化导向的人力资源战略强调国际任职作为经理人员成功的管理职业生涯的先决条件，外派人员要具有适应文化差异与应对冲突，平衡本地需求与公司整体目标的能力（Adler 和 Ghadar，1990）。成功的企业对跨区域人力资源管理导向的选择主要取决于能否更好地支持企业跨地区战略的实施，通常不会完全遵循某种人力资源管理导向，而是结合多种的具体人力资源管理方法与程序（库仑，2000）。

对跨国或跨地区经营的企业而言，使用外派人员具有十分重要的战略意义，存在必要性的同时，也带来了风险性（Jack 和 Stage，2005）。首先，国际任职能够有助于经理人员获得全球背景或区域背景下制定成功战略所必要的技能。对制定与实施有效的战略决策，全球眼光和跨地区经营经验都将是有潜质的经理急需的素质。其次，海外或跨地区任职有助于企业协调和控制在地理和文化上分散的经营活动。最后，跨地区任职能够提供重要的战略信息。典型的外派经理任职时间较长，相对于短期访问，能够让外派经理有足够时间来收集复杂的信息。东道国的政治、经济和金融环境可能对战略制定的有效性至关重要（郭俊，2002）。

而对于外派经理来说，需要在异地多变的政治、经济和人文环境中建立或运营子公司；与母公司或当地公司建立和保持良好的关系，将当地公司准确融入跨地区经营的公司的网络体系中；将当地隐性知识与跨地区经营的公司的显性知识进行转换和融合，促进公司知识基础和竞争优势的形成（刘德学、付丹，2004）。在理论上主要关注了针对外派经理的选拔任命、培训与考核方面的问题，还特别对外派过程、外派反应和外派适应问题进行研究（Werner，2002）。Mendenhall 和 Oddon（1985）提出了外派任命的关键成功因素，包括专业能力、动机、社交能力、家庭状况和语言能力等。外派中承担更复杂的任务和更大的责任对任职成功有重要影响。关于外派人员反应、适应方面的研究主要涵盖了适应调整问题、心理退缩和心理承诺以及公平感受等方面。但很少研究外派经理绩效和适应调整等行为过程。

1.1.1　研究跨地区外派适应性调整策略的实践意义

全球化是商务超出本国或本地区范围的世界性趋势。全球化意味着，整个世界经济趋向一体，企业可以在任何地区开展经营，与任何对手竞争，而不考虑国家界限。所以，企业再不能想当然地认为，在国内市场上的成功就等于长期能够生存，甚至有利可图。全球战略水平低的公司，中层经理普遍逃避国际派遣，担心这种派遣会对自己将来的职业生涯有负面影响。而 Dell、GM 等公司每年海外员工的数量正以 10%～20% 的速度增长。像华为、联想、中石化等中国公司也面临跨国竞争的压力，迫切需要寻找具有国际经验的管理人才，以管理其全球市场的经营。

成功实施跨国战略或跨地区战略的一个关键因素是运用适当的人力资源管理政策。对于外派经理来说，人力资源管理活动随着国际雇员组合的复杂化和国家、商业文化的多元化变得难以应对。派出公司的人力资源管理导向可分为民族中心导向、多中心导向、地区导向和全球导向。这几种导向均在招聘与选拔、文化适应培训、国际派遣的影响、提升与补偿等具体措施上存在差异。比如多中心的人力资源管理，在招聘和选拔上，母公司占据高层职位和技术职位，东道国公民占据中层管理职位。在跨国文化适应培训上对派出人员有一定的语言培训。对外派人员支付额外的报酬，对东道国公民实行东道国标准的补偿（Adler 和 Gha-dar，1990）。

本书旨在研究外派经理在异地/跨国从事外派任务中，采取的外派调整策略及前提变量（如经验和语言等）、个体变量、（非）工作变量、组织变量等对适应性调整的影响。通过外派适应性调整机制研究，将为国际人力资源管理实践产生积极影响：选拔、培训、考核、任用等措施政策更加具有可靠性。

1.1.2　研究跨地区外派适应性调整策略的理论意义

寻求国际人力资源管理与跨国/跨地区经营协调，是成功实施国际化或跨地区经营战略的主要内容。国际人力资源决策主要基于公司如何面对全球和地区两难问题。Adler（1992）等认为国际人力资源管理决策既要关注本地反应能力，也要反映全球化的压力。对于外派经理和外派管理的研究主要应关注国际人力资源管理的选拔、培训与开发、业绩考核、报酬以及调回等问题。Mendenhall（1985）等认为对外派任命成功的关键因素除了以往关注的业务与专业能力外，还包括动机、社交能力、家庭状况和语言能力等。其中，用面试、标准化智力测验或技术知识测验、评价中心、个人资料数据和推荐信等测验方法来测试外派经理解决模拟管理问题的能力（Black 等，1992）。外派成功的因素取决于任职时间长短、文化相似性、必要沟通和工作复杂性和责任（Tung，1984）。

Werner（2002）在总结 20 个顶尖杂志的国际管理研究现状中指出，在外派管理方面，研究主要针对外派经理的人物接受度、确定外派潜能、外派培训和外派绩效管理方面。其他外派问题包括外派影响策略、外派指导和冲突管理等方面则研究很少。大多数研究关注的是不同的外派人员反应，包括双职业生涯外派经理的期望、调整、心理退缩、派出前的考虑、承诺和与当地员工的公平感，而较少的研究聚焦在外派绩效和其他行为结果上。

随着海外/异地派遣人数不断地增加，研究发现适应性调整不良，比如跨文化调整不适通常会带来不满意的绩效（Kraimer、Wayne 和 Jaworski，2001）。员工通常希望在价值观和目标与自己相适应的条件下工作（Scheider、Goldstein 和 Smith，1995），外派出去意味着需要面对和派出地不一致的生活和工作环境。Black（1991）等的研究也已经证实两地间差异越小，外派人员越有可能适应。在他们提出的国际适应的综合理论框架内，将个体变量、环境变量和文化差异作为一般、人际和工作调整的预测因素。因为调整是多方面的，因此不同调整因素会对调整的不同方面产生不一样的研究结果。但更深层次的差异，如价值观等常常被研究者忽视。Van Vianen（2004）等运用人与环境匹配的观点将文化的浅层次差异和深层次差异分开考虑其对一般、人际和工作调整的影响。研究发现，浅层次差异和一般调整联系紧密；而深层次差异如自我卓越价值维度与工作和人际调整紧密联系。他们同时指出对于外派适应的构思需要进一步深入研究。

外派适应性调整的理论基础包括了 P－E 匹配与 ASA/D 理论（Edwards 等，1998；Schneider 等，1995；Wang，2002）、Festinger 的社会比较理论和 Heider 平

衡理论。更具 P - E 匹配的是适应性调整的成功得益于文化价值、组织环境等的积极支持，文化接近能够带来满意感、承诺和内聚力等（Meglino 和 Ravlin，1998）。在人际适应上，ASD/D 在相似—吸引方面能够解释在相似工作条件下，人际适应更容易获得。Heider 平衡理论认为在适应过程中，人们共同的观点和行为更容易产生共同的信念（Byrne，1971；Lott 和 Lott，1965），不断增加的吸引会带来良好的人际适应。

　　本书将更加深入地利用人与工作/环境匹配的观点来研究适应性调整问题，针对不同工作特性或外派任务（Harvey 等，2002），外派经理可能采取不同的适应性策略（Van Oudenhoven，2001），而不是以往研究（如 Black 等，1991）采取的适应性调整策略构思。吸取 Vianen（2004）等研究成果发现 P - E 匹配主要是核心价值观的匹配，并且提出价值观一致性和适应调整绩效关系可能受到外派经理对匹配期望等因素的中介作用。而更多的外派研究关注了如何影响中介作用来获得外派绩效，比如心理契约的研究、社会支持研究和跨文化适应能力研究等。

1.2　外派研究中组织因素对外派适应的影响作用

　　影响外派适应调整的因素有很多，Sharinivas（2004）等通过总结 23 年来外派适应调整的研究，总结了三个方面的影响因素：组织周边因素的影响、工作结构方面的影响和个体因素方面的影响。

1.2.1　组织匹配和社会适应过程

　　外派适应与调整过程是外派经理与派出公司和当地公司相互适应、作用的过程。外派经理要达到外派适应需要在人与组织、人与工作以及人与同事等多个方面达到匹配。人与组织（P - O）匹配是在竞争性商业环境和紧缩劳务市场上获得灵活、忠诚的员工的关键（Bowen、Ledford 和 Nathan，1991；Kristof，1996）。

P-O 匹配现在研究的趋势是关注吸引—选择—淘汰（ASA）模型，该模型指出个人和组织基于相似的价值观和目标而聚合（Schneider，1987）。除了应聘者和面试考官在进入组织初被反复提到 P-O 匹配外，P-O 匹配也包括了社会化适应（socialization）。社会化适应是指个人需要掌握成为组织成员所需的态度、行为和知识。社会化过程对于组织十分重要，因为它能保持组织核心价值观，提供新员工对于工作事件和人际关系的处理（Bauer、Morrison 和 Callister，1998）。当员工个人价值和组织价值观一致时，员工更倾向于对组织承诺，坚持留在组织内。社会化适应研究指出存在多种不同的社会化适应策略（Janes，1986）。Louis（1980）指出新进入员工将要面临现实振荡（reality shock），员工需要重新估计他们对事件或行为的假设。

社会化适应策略将会影响新进员工的主观 P-O 匹配，或者影响他们认为自身与组织的匹配。Kristof（1996）认为主观 P-O 匹配感知能够带来良好的匹配关系。Van Maanen 和 Schein（1979）首先提出社会化适应包括六个策略：集体—个人；正式—非正式；相继—固定；变数—随机；连续—间断和给予—剥离。Jones（1986）进而通过社会化适应问卷和因素分析方法将这六个策略概括成三个更宽泛的因素：周边、内容和社会因素。基于 Jones 及其后续研究，Baner（1998）等认为社会化适应过程是从制度化到个体化的单一连续体。制度化策略反映的是结构化、社会化适应过程，它减少了不确定性，并鼓励新员工接受现存的组织规范；个体化策略是指相对无结构化，带来了不确定性，鼓励新员工挑战现状，产生自己适应环境的方法（Ashforth 和 Sake，1996）。Cable（2001）等讨论了社会化适应过程的周边、内容和社会三个因素如何影响新员工 P-O 匹配和改变个人价值观。

（1）周边社会化适应策略。周边影响因素包括了从集体和正式到个体与非正式的连续体。集体化策略让新员工聚集在一起，让他们体验相似的学习经历，个体化给予的是每人独特的学习体验；正式策略是指新员工在学习新角色中和组织内部人隔离开，而非正式策略让新员工在岗位上习得。Cable（2001）等的研究表明群体和正式社会化策略与新员工价值观/感受到的组织价值观匹配程度和 P-O 匹配程度没有关系。

（2）内容社会化适应策略。Jones（1986）将两种类型的策略（相继与固定和变数与随机）划分为内容社会化策略，它是指社会化适应过程中给予信息的内容方面。相继性是指新员工接受按组织活动顺序编排的详细信息，固定性是指提供他们在社会化过程中完成每个阶段所需的精确信息；变数性策略是指在学习过程中不提供新员工达到某个阶段的指示信息，随机性是指新员工并不清楚阶段的顺序。Cable（2001）等的研究表明相继性和固定性越高，社会化适应策略和 P－O 匹配的主观体验的正相关越高，以及员工价值观和感受到的组织价值观匹配度越高。

（3）社会性社会化适应策略。这个策略包括了连续—间断和给予—剥离两个策略。在连续与给予策略下，组织成员被当成了新员工效仿的对象，新员工获得的是正向社会支持（Jones，1986）；相反，间断与剥离策略让新员工在没有组织老员工帮助下获得对组织的认识，剥离性策略获得了组织老员工负面的社会反馈，直到他们能够完成期望的活动。Cable（2001）等的研究表明组织使用连续性和给予性社会化适应策略程度越高，P－O 匹配的主观感受和价值观一致程度就越高。其他影响社会化适应的因素包括进入组织前价值观符合程度、以往工作经历、工作要约数目和任期等（Cable，2001）。

社会化适应是在适应的不同阶段运用社会化策略达到人与工作、组织匹配的过程。在承担外派工作中，为适应跨文化、工作变异和家庭生活等变化，需要多个阶段地运用相关策略来调整自身，达到工作与组织的适应。并且在适应中，我们将研究适合外派任务和外派工作环境的外派适应模式与应对外派适应难题的调整策略等。运用组织匹配和社会适应过程研究的结论在外派适应研究中能够从策略与匹配的角度来进行。

1.2.2　心理契约

心理契约是员工—组织之间的心理纽带，心理契约影响员工的工作满意度、对组织的情感投入、工作绩效以及员工的流动率，并最终影响到组织目标的达成。Levinson（1962）认为心理契约是组织与员工之间隐含的、未公开说明的相互期望的总和。Kotter（1973）将心理契约界定为存在于个人与组织之间的一份内隐协议，协议中指明了在彼此关系中一方期望另一方付出的内容和得到的内容。心理契约包括：个体—员工水平和组织—雇主水平。Robinson 和 Morrison

（1997）通过聚类和因素分析得到了心理契约的以下几个因素：丰富化的工作、公平的工资、成长机会、晋升、充分的工具和资源、支持性的工作环境、吸引力的福利。Rousseau（1995）根据绩效要求和时间结构两个维度将心理契约划分为四种类型。时间维度是指雇佣关系的持久性程度；绩效要求维度是指作为雇佣条件的绩效描述的清楚程度。根据两个维度划分的心理契约类型为：交易型（transactional psychological contract）、转换型（transitional psychological contract）、平衡型（balance psychological contract）和关系型（relational psychological contract）。如图1-1所示。

绩效要求

	具体明确的	不具体明确的
短时的	**交易型** 特点：低工作模糊性 高流动率 低员工承诺 低身份感 例如销售旺季时临时雇用的售货人员	**转换型** 特点：高工作不确定性 高不稳定性 高流动率 例如处于组织减员或公司购并过程中的员工
长久的	**平衡型** 特点：高员工承诺 高身份感 不断开发 相互支持 动态性 例如高参与性工作团队中的成员	**关系型** 特点：高员工承诺 高情感投入 高身份感 稳定性 例如家族企业中的成员

（时间轴：时间，短时的，长久的）

图1-1 心理契约的类型

关系型是指基于相互信任和忠诚的长期的、广泛性的雇佣组合，回报只是宽松地表现为条件，并源于组织中的成员资格和参与。平衡型是指以公司的经济成功和员工发展事业优势的机会为条件的有生气、广泛的雇佣组合。交易型是指具有短期或有限期限的雇佣组合。变动（转换）型本身不是一项心理契约，而是反映与原来建立的雇佣组合不一致的组织变更的后果和转换过程。

徐淑英（1998）等对中国（包括国企、民营和外企）500名中层管理者进行的研究发现，经理们并不青睐那种平衡型的雇佣关系，就是说非常详细明确的任务并伴有长期的报酬并不为人所喜欢。但对关系型却情有独钟。在关系型的雇佣关系背后是对组织的心理认同，所产生的效果是公司绩效高、离职率低。

心理契约研究从外派经理和派出公司或派入公司关系角度研究影响外派适应

和外派绩效。外派经理与组织的心理契约类型，如关系型和交易型对于外派适应具有重要的意义，达成符合组织发展和外派经理个体职业发展的契约类型对于外派适应和外派绩效可能具有跨外派任务和行业的特征。

1.2.3　组织承诺

组织承诺是近年来研究个体与组织绩效的核心概念。Morrow（1983）确定了29 个与组织承诺相关的概念和测量指标，大致上组织承诺具有五个焦点：第一，对于工作任务本身，也就是不管组织背景和职位情况（Mueller 等，1992）；第二，对于特定工作；第三，对于工会或员工团体；第四，对于职业生涯或专业；第五，对于雇佣的组织（Reicher，1985）。此后，Randall 和 Cote（1991）提出了一个类似的框架，只是指出员工可能同时具有多种承诺。除了工作场所的承诺外，非工作承诺也很重要（Cohen，1995）。而 Kalleberg 和 Berg（1987）认为承诺类似于零和游戏，对于某个方面的承诺提升，对于其他方面的承诺就会降低。比如，家庭承诺的降低导致工作热情上升（Van Dyne 等，1994）。但总的来说，以往研究更多支持组织承诺的多维度属性，否定零和观点（Becher，1992、1993）。

Swailes（2002）总结了组织承诺的四个方面及其研究依据，如表 1 - 1 所示。

表 1 - 1　组织承诺

组织承诺	研究	测量
1. 态度或情感承诺 基于对组织或群体 目标的认同	Etzioni（1961） Kanter（1968） Mowday 等（1982） O'Reilly 和 Chatman（1986）	ACS（Meyer 和 Allen，1984）；the OCQ（Mowday 等，1982）或 the BOCS（Cook 和 Wall，1980）
2. 持续承诺 基于社会经济因素	Becker（1960） Kanter（1968） Meyer 和 Allen（1984） Mowday 等（1982） O'Reilly 和 Chatman（1986）	Continuance Commitment Scale（Allen 和 Meyer，1990；Meyer 和 Allen，1984；Meyer 等，1990）

组织承诺	研究	测量
3. 规范承诺 基于忠诚和义务	Allen 和 Meyer（1990） Kanter（1968） O'Reilly 和 Chatman（1986）	The Normative Commitment Scale（Allen 和 Meyer，1990；Wiener，1982）
4. 行为承诺 基于有约束力的行为	Salancik（1977、1982）	

在 Meyer 和 Allen（1991）的分类中，只包括三种承诺：情感承诺是指员工对组织的情感依附、认同和投入；持续承诺是指离开组织的成本认知；规范承诺反映了持续雇佣意愿。

对外派经理的组织承诺的研究不多。被派出 3 个月内的外派经理的组织承诺度相对高，而非管理人员的组织承诺比管理人员的组织承诺更高（Kline、Mary 和 Heather，2004）。组织承诺与绩效之间的关系并不简单（Cohen，1991；DeCotiis 和 Summers，1987；Mathieu 和 Zajac，1990；Mowday 等，1982；Steers，1977）。某些研究认为情感承诺和绩效有正相关，但相关较小。并且只有在自评绩效中，才能得到承诺和绩效的正相关（Mathieu 和 Zajac，1990）。另外，在财务方面要求较低时，承诺和绩效存在高相关（Brett 等，1995）。外派研究中对于组织承诺的研究主要是多种组织承诺对外派绩效的关系。

1.3　外派研究中工作任务因素对外派适应的影响作用

1.3.1　工作因素

工作因素是指个人完成工作所履行的任务和职责，工作因素对外派经理的工作调整具有显而易见的影响，研究者也发现工作因素对外派成功具有积极或消极的影响（Andreason，2003）。在外派经理的工作调整中，工作角色转换研究关注角色冲突、角色新异性、角色清晰和角色判断四个因素。

（1）角色冲突。通常而言，母公司作为工作角色给予者预先确定了外派经理（角色接受者）的外派任务角色。外派经理的管理行为可能会与所在环境需要其表现的角色不一致，因此将产生潜在的角色矛盾。角色冲突是指对于外派经理个人而言在新的工作情景下期望行为的矛盾性指示。Black（1991）等认为角色冲突将导致不确定性，影响调整过程。Dowling（1999）等认为外派经理通常因为业绩考核是由母公司来进行等原因而忽视角色冲突，拒绝调整角色行为以达到与母公司要求一致。

（2）角色新异性。另外一个影响外派调整的因素是角色新异性，它是指当前角色和以往角色的差异程度（Black 等，1991）。新的文化背景并没有提供与期望行为冲突的行为，但是会要求外派经理具有新技能或行为，这通常由于海外或异地工作与母公司所在地工作在很多方面不同：社会、法律、经济、技术和物理环境因素差异等造成外派适应更加困难。另外，外派经理可能需要和当地经理密切合作。

（3）角色清晰和角色判断。角色清晰度能让外派经理感知到更为清晰定义的期望行为；角色自定性是指允许外派经理根据自己的情况调整工作及其工作情景，而不是根据工作情景调整自身的程度，角色自定性有助于提高适应工作情景。Shaffer（1999）等认为，需要给予外派经理更清晰的职位定义，并给予更大的决策自主权。Mendenhall（1987）等认为，公司应该在早期阶段对预期绩效的现实性水平进行沟通。Kraimer（2003）等的研究表明，角色压力、情景压力和社会支持因素所带来的成功：①较初层次的成功包括外派调整成功和忠诚于当地公司；②较高层次的成功是对母公司忠诚、工作绩效和有意愿完成外派任务。

工作压力管理研究可以帮助理解外派经理的自身调节，因为外派任务对员工来说充满不确定性——新工作角色、新工作组织支持、新城市和新地区（Black 等，1990；Novicevic 等，1999）。因此，原来的工作情景对外派经理信任工作来说就是促使工作转换的一种支持（Feldman 和 Brett，1983；Prinder 和 Schroeder，1987）。压力管理研究也特别注重社会支持方面。Lait 和 Wallace（2002）的研究表明工作压力来源于未满足的期望。压力的最新研究是将压力应对视为人和工作要求的匹配过程。Ilgen 和 Hollenbeck（1991）认为角色构成员工期望的行为模式。如果这些行为模式不清晰，角色压力就会产生（Katz 和 Kahn，1978）。工作压力包含了以上角色模糊、角色冲突、角色新异性等带来的压力。Shaffer（1999）等的研究表明这些角色压力的形式对外派适应性调整将带来负面影响，角色冲突和角色模糊对组织承诺产生负面作用（Florkowski 等，1999）。外派经理在异地开展工作需要经历多方面的角色与工作压力，组织支持和上下级关系、信任等对工作压力和角色认知有重要作用。

1.3.2　社会支持

研究表明社会支持对于外派经理适应具有重要作用。社会支持作为成功适应当地环境和文化的要素已被承认（Aycan，1997；Berry，1997）。社会支持包括个人获得的组织、同事、朋友和家庭等的各种支持（Caplan 等，1975）。并且，组织、上级和家庭特别影响外派经理的绩效（Payne，1980；Fisher，1985；Guzzo，1996）。而与外派经理进行比较，感受到的相互关系与薪酬待遇不公将更严重地影响当地同事的工作态度，甚至与东亚国家外人员工的比较得到的不公平感更强（Leung、Wang 和 Smith，2001）。

（1）组织支持。组织支持和外派人员的适应过程与组织承诺具有重要的关系。Eisengerger（1986）等认为，感知的组织支持是组织承诺的前提，并且他们用社会交换理论来解释两者之间的关系。组织支持的测量关注员工对于组织的态度；而感知的组织支持则测量了员工关于组织对于他们的态度的感知。和组织承诺一样，POS 是员工对于组织的整体感知，但组织承诺除了和 POS 正相关外，还和工作满意度正相关。Shore 和 Tetrick（1991）认为，感知到的组织支持（POS）是区别于情感、持续承诺和工作满意度的单维度构思。

组织支持作为社会支持的一个特殊来源，在预测外派经理成功方面具有重要作用。组织压力的研究者们认为组织支持可能是外派经理工作转换中成功进行适应性调整并取得良好绩效的一个重要因素（Anderson 和 Stark，1985；Guzzo 等，1993）。Kraimer 等（2001）研究了外派经理三种组织支持（感知到的组织支持、领导—成员交换和家庭支持）对外派经理工作适应的影响。Kraimer 等（2001）将感知到的组织支持作为一个影响外派经理自身调节的因素，并将其定义为员工对于组织评价他们贡献价值和体恤他们福利的总体信念。POS 被认为是对组织承诺 (Eisenberger 等，1990；Shore 等，1991)、工作绩效 (Eisenberger 等，1990)、亲社会行为 (Wayner 等，1997) 具有积极影响。Rhoades (2002) 等认为，组织支持 (POS) 之所以成为有价值的来源是因为它在外派员工有效承担某些工作、处理压力情景时给予帮助。派驻公司是组织支持的最大来源，可以提供的福利和服务包括资金支持、跨文化培训、住房以及当地社团资格等，并且可以保持通信来减缓外派中的焦虑 (Guzzo 等，1994；Aycan，1997)。Guzzo (1994) 认为，POS 代表了员工与组织的心理契约。当心理契约满足时，组织提供给员工福利和服务，员工反过来表现出积极态度和工作成效。研究者认为外派经理的心理契约相对于非外派员工更加强烈。组织提供给外派员工特殊的财务利益，如税金平准账户、生活补贴、紧急休假计划和外语培训等。作为回报，组织期望员工不但有效工作，而且自身提高国际竞争力，充当当地部门和母公司的纽带。大量外派适应研究者研究了许多组织支持方式：出发前适应性调整支持性活动 (Aryee 等，1996；Caligiuri 等，1998；Guzzo 等，1994)、财政支持 (Flokiowski 等，1999) 和职业生涯支持 (Feldman 等，1999；Selmer，2000)。

对于组织支持的概念，研究者认为组织支持概念具有较为丰富的内涵，具有多维度特征。Kraimer (2003) 等提出了一个适应性支持的多维模型，在该模型中，调整支持、职业生涯支持和财务支持三种组织支持都是和员工绩效关联的不同维度。调整 POS 是指组织对工作转换中员工及其家庭进行调整的关注。在外派背景下，调整 POS 是组织为跨文化和跨工作场景转换或调整而实施的政策和措施。这些政策可能包括跨文化培训、移居援助和语言培训 (Black 等，1991)。职业生涯 POS 是指组织对于员工职业生涯需要的关注。对于外派员工来说，职业生涯 POS 是指组织对于员工在异地获得职业生涯发展机会所实施的政策和措施。这些措施包括了外派指导人计划 (Feldman 和 Bolino，1999)、长期职业生涯规划 (Selmer，2000) 和职业生涯导向绩效评估 (Feldman 和 Thomas，1992)。Sturges (2000) 等的研究表明职业生涯 POS 能带来员工承诺度的提高。财务 POS 是指组织关心员工财务需要和奖励，以报酬和福利的方式来表扬员工的奉献。在外派背景下，财务 POS 是指对员工外派所给予财务激励、奖赏和福利的组织政策。比如，外派奖金、生活补助成本、休息和娱乐时间以及其他与外派相关的额外补贴等都可能是财务方面的组织支持。Florkowski（1999）等的研究表明，公司给予维持异地生活水准的足够支持能够让外派员工更加忠诚于当地公司。Kraimer（2003）的研究证实了该两层次的三维度 POS 模型。外派适应调整 POS 和外派调整有显著正相关。职业生涯 POS 和母公司承诺度有显著关系。财务 POS 能带来对母公司和本地公司的承诺。在 Kraimer（2003）的模型中，三个 POS 维度和六个绩效效标之间的关系不是均衡的，调整 POS 和外派适应有正相关，但和任务和周边绩效负相关。这可能因为外派经理受培训（跨文化培训、语言和家庭支持）等影响，过多关注文化差异，而没有对工作任务投入。职业生涯 POS 和母公司承诺度与留任意愿相关，员工可能认为留在外派岗位上对职业生涯更为有利。财务 POS 能够提高对当地公司的承诺度和工作绩效。作为报答公司的义务（Rhoades 等，2002），研究者更多关注财务奖励的作用。Kraimer（2003）的研究说明，企业需要更具管理开发的目的、战略目标和技术要求等来设计外派成功的措施，在 POS 维度上区别对待。

组织支持的各个维度对于外派适应的过程因素和结果因素具有重要作用，多个研究从组织支持的作用机制、绩效和员工的感知等方面进行了研究。Eisenberger（1995）等的组织支持理论认为员工为了确定组织如何奖赏员工的工作努力，以及满足其社会情绪需要，员工对组织如何评价他们贡献，如何关注他们福利有整体想法。被感知的组织支持（POS）也被员工认为组织会对有效开展工作、处理压力工作情景进行支持（George 等，1993）。组织支持理论对 POS 的潜在作用过程进行了论述：首先，基于互惠原则，POS 需要提出组织福利和员工帮助组织取得目标等要求。其次，POS 带来的照顾、支持等措施将满足社会情感需要，让员工对成为组织成员、取得社会地位认同。最后，POS 应该强化员工的信念：组织将认同并奖励员工不断提高的绩效（比如，绩效—奖励关联性预期）。Rhoads（2002）运用元分析进行了外派员工关于组织对其价值认识和关注福利（感知到的组织支持，POS）的研究。研究指出三种员工获得的主要福利是公平、主管支持和组织奖励与工作条件等，这三个福利与 POS 紧密联系，能够带来工作满意、积极情绪等员工反应，同时对组织来说，情感认同、绩效和更少的离任等。但 POS 能否带来良好绩效取决于员工是否认为组织行为的自主决定性；员工是否认为有义务帮助公司；社会情绪需要的满足和绩效—奖酬预期等。社会交换理论认为如果资源是自主决定并差别对待时，员工将非常重视这种奖赏（Cotterel、Eisenberger 和 Speicher，1992）。因此，员工会重视组织提供的报酬、工作丰富化和提升等奖励和工作条件，因为这些不是政府普遍要求的东西，而是组织自主决定的政策。

（2）LMX。社会支持的第二个方面是支持性工作关系，支持性工作关系能减轻异地工作带来的压力。外派经理在异地工作较大程度受到派出公司或派入公司上级支持的影响。工作相关的社会性支持包括上级支持和组织支持。上级支持通常用领导—成员交换（LMX；Kraimer 等，2001；Liden 等，1997）。LMX 是指员工与其上级之间人际交换关系的质量，LMX 能够有效预测外派绩效（Kraimer 等，2001）和各种当地员工的工作态度和行为（Liden 等，1997）。Kraimer（2003）的研究表明，LMX 能够有效带来工作（任务和周边）绩效的提升，而不能带来适应调整的提高，而根据 Linden（1997）等的研究，LMX 和工作绩效是直接作用，不存在中介效应。Black 等（1991）认为，被派驻公司的上级能够提供信息支持、社会化支持以及融入当地社会进行互动的机会。Liden 等（1997）对于 LMX 的总结指出，领导成员交换对个体及组织绩效均有显著影响，并且 LMX 和工作满意度及组织公民行为等联系在一起。并且 LMX 可以显著减少角色模糊、角色冲突等问题。

另外，除享有派驻公司的各种组织支持外，被派驻公司的组织支持也许更为重要（Aycan，1997）。Caliguiri 等（1999）和 Harvey（1998）的研究表明，家庭支持对外派工作和一般调节具有积极影响。

1.3.3　外派任务

许多外派经理难以成功适应越来越复杂的任务。Harvey（2002）等将外派经理通常面临的任务分为三类并提出解决方式。首先是协同性任务，这些任务在性质上较为整合，能够用这些例子来表示：开发一个市场营销计划、在异地公司进行组织变革或者选择海外供应商。这些任务需要和当地组织及辅助部门进行良好沟通，外派经理作为组织与外界接触的中介，速度、准确性和对外依赖性等方面都是外派经理成功履行职务的关键。其次是计算性任务，并且这些任务结构性较强，需要运用固化的知识和技能来完成。并且这些任务定义清晰，能够很容易地分清任务的开始和终止行为。虽然这些工作程序性很强，但还是需要较大的精力和较少的社会协同来完成。最后是创造性任务，这些任务没有固定的答案或者固有的程序，需要外派经理创造性地获得解决方案。Hambrick（1998）等认为这些任务能够通过组合不同方面的信息来获得或构建不同种解决方法。因此，Sternberg（1996）认为，难以找到评价这些任务绩效的方法。本研究认为，外派经理从事的外派任务与外派适应模式具有密切的关系，外派任务作为缓冲因素，可能影响外派适应模式的作用方式。

1.3.4　外派绩效

外派绩效作为多维度构思，不同的研究者对外派绩效的维度结构和影响因素等进行了较为广泛的研究。Caliguiri（1997）认为，外派经理成功的标准需要分为技术层面的绩效和管理与外派相关的周边绩效。Ashford（1990）等提出了影响个体适应新环境能力的个体、转换和情景因素（与压力和支持因素类似）。其中个体适应是指个人学习和维持与新环境适应的行为过程。个体水平的适应决定了第二层次的绩效，比如个体绩效和留任意愿。适应环境是指个体了解哪些行为和成功绩效与留任关联。在 Ashford 的模型中，外派适应调整将在自变量和组织承诺之间起中介变量的作用。但 Florkowski（1999）等的离职研究发现有效的组织承诺和外派离任之间存在负相关。并且，Wright（2002）等的研究证实组织承诺能够有效预测工作绩效。因此，工作承诺能够作为外派绩效的自变量或者中介变量存在。

在外派适应与外派绩效关系方面，Kraimer 等（2001）认为，外派经理自身调节和外派绩效之间关系的研究需要基于心理压力管理方面的研究。Kraimer（2003）等在研究社会支持、角色压力和情景压力与外派适应性调整、任务与周边绩效以及外派留任意愿关系的研究中，对外派成功标准之间的关系进行了探讨。在他们的研究中，将组织承诺分为对母公司承诺和对子公司承诺，并假设对母公司承诺能够预测良好的任务绩效，而非周边绩效。但两种承诺均可能带来留任意愿增强。Kraimer（2003）将适应性调整和对当地承诺视为绩效的初级层次，将对母公司承诺、工作绩效和留任意愿作为绩效的第二个层次。并且三个 POS（调整、职业生涯和财务 POS）对两层次绩效效标有直接作用，但它们之间的对应关系不同。

一般认为，对外派经理绩效的评价是指跨国或跨地区经营的企业对外派经理的工作目标完成情况、外派经理工作职责履行程度与外派经理发展情况等进行的评估（陈霞、段兴云，2001）。但因为在评估外派经理绩效中外派经理多样化、不可靠数据、当地环境情况与地理差异以及公司战略等原因，较难按照常规绩效评估的方式进行评价。

1.3.5　异地创业

外派经理在异地开展的工作具有异地创业的性质，创业活动具有多个特征，如不确定性、高压力、创新性开展工作和机会捕捉等特征。如同 Hisrich（1998）指出的一样，异地外派与创业都需要投入必要的精力，承担财务、心理和社会风险，并接受相应收益，创造有价值的服务或产品。异地外派经理同样需要具备一定的创业能力，如 Antoncic（2001）等指出的创业能力中的四个维度：首先是开创具有风险的新事业，比如进入新市场，重新对市场或产品进行定位；其次是创新，对异地工作的新产品进行开发、改进，引进新的生产程序与方法，确定当地公司的领先优势；再次是进行自我更新，进入高层次的外派经理需要通过革新组织核心理念来与派出公司进行整合，对业务流出、组织系统进行改造；最后是领先行动，在异地市场采取进攻性的策略，确定市场领导地位。外派经理在工作的不同阶段可能需要的创业精神内涵不一致，进入磨合阶段可能需要较低层次的创新性开展工作与适应能力，而一段时间后高层外派经理可能需要革新组织与引入市场领先策略等创新能力。因此，我们将在后续的子研究中从多个角度来研究外派的适应问题，这也是创业能力表现的不同途径。

1.4　外派研究适应调整策略问题

对外派适应性调整作为一个过程来研究，可以追溯到 Berry（1988）等将跨文化适应性调整作为过程来研究。作为一种动态过程，适应是新来者达到适应文化的过程，或时间上的行为、价值观和潜在假设（Schein, 1984）向所处环境所要求的标准的收敛过程（Barnett 和 Kincaid, 1983；Kincaid, 1988）。而作为静态状态，适应是个体与环境的匹配程度（Gudykunst 和 Hammer, 1988）。适应性调整也可以被视为行为、认知和情绪的三因素调整过程（Haslberger, 2005）。理论文献上一般将外派适应看成双向忠诚（Black 和 Gregersen, 1992；Black、Gregersen 和 Mendenhall, 1992b）和矛盾地维持与母公司关系的过程（Brewster, 1993）。总的来说，以往研究主要从 U 形曲线来看外派适应过程，其中包括一个震荡的过程。

U 形曲线和震荡过程不只是跨文化适应的过程，如果深度经历一个学习体验或创造性努力，伴随有情绪外显特征，那么就有 U 形曲线出现（Gullaborn 和 Gullaborn, 1963）。他们还发展了该曲线到外派回归，其间又经历一个负面情绪的过程，称为 W 曲线。不过 Church（1982）置疑了该曲线，指出并不是所有的外派经理都会经历的必然过程，Black（1991）等也指出该适应过程导致外派经理出现 J 形行为，他们在人为的阶段性上表现出阶段特征。并且，Ward（1998）等的纵向研究也提出对该曲线假设的怀疑。但对于阶段性或曲线的怀疑可能因为外派适应性调整过于复杂。因此该过程的许多变量都具有情境性特征，通常与偶然出现的单一交互影响的结果相关（Glanz、William 和 Hoeksema, 2001）。偶然因素的影响能够改变外派经理的态度，对负面体验的积累能够激发文化上的震荡。但在 Adler（1987）看来震荡是适应中学习的一部分，并不是病征，而是自我意识和个体成长的过程。

1.4.1　适应性调整策略

外派适应性调整是很复杂的概念，首先是因为自身内部或外部的动态性；然后是涉及众多相关变量。外派研究较少能够对外派过程进行研究。大多数理论都是单向的模型，并没有包括反馈回路（Haslberger, 2005）。因此需要用动态的视角来研究或模拟外派过程，采取更为准确的测量来捕捉外派适应调整的效果。

对于外派适应分类，外派研究中具有较为稳定的认同。Black（1991）等通过总结国内和国外适应性调整研究，包括组织社会化过程、职业转换、意义化、工作角色转换和迁移等提出了一个整合模型，指出外派经理的三种自身调节：工

作、一般和交互调节。外派经理自身调节早期研究就认为是多维度的概念（Shaf-
fer 等，1999）。Kraimer 等（2001）用接触理论（contact theory，Homans，1950）
来总结以往关于自身调节维度间关系的研究，认为一般调节和交互调节将具有相
关，因为更多的接触将导致更多的信息交换和情感交换，有利于冲突的解决。工
作调节是指外派经理从心理上适应海外工作任务。一般调节是关于适应当地生活
条件和文化。而交互调节是指与当地人进行交互活动。关于外派经理自我调节的
预测因素研究呈现上升趋势。Black（1990）和 Caligiuri 等（1999）研究了外派
经理自我调节相关的个性、国际经验和准备等方面。角色因素，比如角色新异、
角色判断和角色模糊等均和工作调节有关（Aryee 和 Stone，1996；Black 和 Gre-
gersen，1990，1991）。并且，Caliguiri 等（1999）认为，组织支持能够预测外派
经理自身调节。外派适应性调整概念很多，但这三种适应调整在外派研究中始终
是主流，例如近期 Bhaskar – Shrinivas（2005）和 Van Vianen（2004）等的研究均
使用了该分类。

从外派经理与组织关系角度来研究外派适应问题得到不同的外派关系类型将
采取不同的外派调整策略进行适应。Van Oudenhoven（2001）等根据外派经理与
母公司和当地公司的关系将外派经理分为四种类型。他们研究了这四种外派经理
在文化认同、开放心态、外向性、情绪稳定性、冒险精神、行动导向、灵活性、
坚韧度和对跨文化成功的组织承诺等方面的差异。

其他研究外派适应问题的研究者也从承诺度和工作关注等方面研究了外派适
应策略。Gregerson 和 Black（1992）关于外派员工对母公司和海外公司的承诺度
研究中认为，员工水平的承诺度和公司水平的影响无关。Selmer（2004）等在考
虑女性外派经理处理国际外派的压力和适应性调整策略时指出，女性外派经理更
习惯使用问题聚焦，而不是症状聚焦的压力解决策略。但是，不存在压力的问题
聚焦策略和社会文化适应调整之间的关系。然而，症状聚焦的压力应对策略和社
会文化调整有负相关。根据 Folkman（1986）等的观点，问题聚焦型策略是指针
对问题改变人和环境造成压力的关联；症状聚焦策略是指避免问题缩小压力带来
的焦虑。

1.4.2 跨文化适应能力

文化具有明显的承继性与地区性特征，不同群体、区域和国家的文化互有差异，每个地区、企业都有自己独特的文化。跨地区经营的企业有不同地域经营的子公司，它们包含了相似而有区别的文化。因此，企业内部文化差异的矛盾在所难免（姚建峰，2005）。另外，跨地区经营公司也会针对文化差异来选择跨文化管理的模式，在母公司文化、本地化文化、区域文化和全球化等模式上进行取舍，采取多元文化政策（张云路，2005）。因此，外派经理需要在认识、承认文化差异的基础上，通过协调、尊重和培训来达到文化融合。在跨文化差异与调节方面，Klaus Oberg（1950）指出了文化震荡的六个方面。旅居者调节也称跨文化适应或调节（cross – culture adaptation 或 adjustment），还有文化同化（cultureal assimilation）。它是指应对经历到的文化震荡，修改自己的行为，保持与不同文化规则的一致。Berry 等（1994）的研究认为在领导方式和员工价值具有跨文化差异的背景下，灵活地转变视角和态度是非常必要的。研究旅居者适应的文章主要使用时间趋势分析，大多数是 U 形曲线和 W 形曲线假设（Lysgaad、Gullahom 等，1966）。早期的研究发现个人和情景因素能够帮助降低 U 形曲线的深度，也就是减少文化震荡的影响，加快成功适应过程（Guy 等，1996）。影响这一文化震荡适应过程的因素主要有个性特征、文化距离、家庭动力学、工作角色性质和组织支持。

外派文化适应能力是外派跨文化研究的一个焦点问题。外派失败或返回的一个关键因素是缺少跨文化适应能力而对异地外派存在不确定感和挫折（Adarsh、Sherry 和 Christine，2005）。Berry（1997）认为频繁地与另一个文化的群体接触将带来文化适应压力（acculturative stress）。与当地同事的冲突通常会导致高压力和高不适，因此需要外派经理具有高情商，外派前充分培训（Adarsh 等，2005）。并且，Aycan（1997）对体会到的文化差异进行了分类，列举出 14 项文化差异。这些文化差异将是文化适应的重要影响因素，并且在文化适应中人通常会采取应对变化和退缩两种行为（Berry，1992）。文化适应压力通常预示着压抑（因为文化缺少），焦虑（因为不确定）和心身综合症（Aycan，1997）。因此，对于理解文化适应，了解外派经历应付和适应文化压力是很重要的（Navara 和

James，2002）。

　　其他影响外派跨文化适应的因素包括行政能力、社会能力和成熟度等方面。Ferris（1991）等认为社会影响胜任力在国际外派中具有特殊意义的是外派行政胜任力。Ferris（2001）等进而将行政胜任力定义为不同社会影响能力、技能、知识和行为的组合，外派经理通过拥有/获取/表现出该胜任力来有效影响组织决策。Harvey（2002）等认为行政胜任力不但是有效地在不同地区影响差异性决策，而且影响进行国际化领导的能力，他们提出了一个外派经理的基于行政胜任力（political competency - based）方法。提出外派经理的自信、社会机敏、适应社会环境的能力（获取他人信任的能力、影响他人的能力和被认为诚实/诚恳的能力）是外派经理行政胜任力的三个维度。Lievens（2003）等用评价中心和行为描述面试研究个性、认知能力和能力维度等对跨国培训绩效的预测作用。研究发现个性中的开放性对跨文化培训绩效有显著预测作用；认知能力和语言获得有显著相关；适应性、团队能力和沟通能力能够提供超越认知能力和个性的增量效度。

1.4.3　心理契约与期望匹配问题

　　以前这方面的研究大都是着重于国际外派项目中的外派或返回结果这些方面。我们认为必须同时考虑个人绩效与外派期间组织、个人的期望等多个方面才可以更好地了解国际外派项目的进行。所以，一个成功的外派任务不仅取决于对外派经理的正确挑选和培训，还取决于该外派人对于这个项目的预期前景，尤其是他对返回时的职业选择的投机性和长期的职业发展的考虑。同样，返回成功与否也不单靠公司决定是否让该外派经理再进入该公司，也一定程度上取决于该安排是否符合个人对于外派项目的期望值。

　　以往研究表明，在外派期间可能存在很多问题，其中典型的有雇员与雇主受到的精神损伤（employee 和 family trauma），心理契约的违反（Black 和 Gregersen，1991；Solomon，1995；Tung，1984），以及失败的外派和返回项目中公司的高成本投入（Black，1992；Black Gregersen 和 Mendenhall，1992a、b；Hammer、Hart 和 Rogan，1998）。另外根据我们的访谈也存在以下主要问题：①匹配问题；②诚信问题；③监督和激励问题；④绩效考核问题；⑤总部的支持与配合问题。

因此，我们借鉴以往的理论和文献，根据 Yan, A., 和 Zhu, G. R. （2002）. 《国际外派项目对职业发展的影响——委任关系和心理契约的模型》一文中提出的模型进行分析、取舍，并在此基础上对模型效度进行验证。模型中，将国际外派项目当作一体化的过程，将双方的不同期望考虑进去，融合职业发展、心理契约和代理理论等不同的理论及外派和返回得出的经验，以此分析公司与个人就外派项目的心理契约等关系，亦即他们对于项目期望的匹配程度对于该项目的影响。另外，我们还把个人绩效考虑进去，看对模型有何影响。

综上所述，组织和个人之间存在的交换不仅仅是财务上的，还有心理方面的。正如无法用金钱来衡量所有员工做出的贡献一样，组织也不能将所有的报酬用金钱来体现。这就是心理契约的概念：员工与组织对雇佣协议的相互理解和信任。特别是一些跨国公司，它们已经摆脱了外在财务对员工的影响，心理的期望有无满足、心理契约的遵守与否，才是对外派项目是否成功的关键。

无论何时人与人之间（包括人与组织，组织与组织之间），只要建立关系，他们之间就会产生某种契约。契约是指证明买卖、抵押、租赁等关系的文书（《现代汉语词典》）。而心理契约不同于一般意义的契约，但同样表达着我们对别人的期望。心理契约与一般意义的契约不同的是，后者是条款规定的文书，前者本质上是一种内隐的知觉。在以往的研究中，对心理契约有不同看法：

首先将心理契约的概念和术语引入管理学领域，进行详细讨论的是组织心理学家 Argyris （1960）。他使用"心理的工作契约"来描述工厂雇员和工头之间的关系，但是 Argyris 仅仅提出这样的概念，却没有给它下确切的定义。

Levinson 等 （1962）在一个公共事业单位的个案研究中，将心理契约描述为"未书面化的契约"，是组织与雇员之间相互期望的总和。它被用来强调产生于双方关系之前的一种内在的、未曾表述的期望。其中有些期望明确，比如工资；而有些期望则比较模糊，仅仅是间接的揭示，比如长期的晋升前景。Schein （1965、1978、1980）心理契约定义为：时刻存在于组织成员之间的一系列未书面化的期望。他将心理契约划分为个体和组织两个层次。他强调虽然心理契约是未明确书面化的东西，但在组织中却是行为的重要决定因素（李原，2001）。

Kotter （1973）认为，心理契约是存在于个体与组织之间的一种内隐契约，它将双方关系中一方希望付出的代价以及从另一方得到的回报具体化。20 世纪

80 年代后期就出现了概念理解的进一步深化，产生了学派之间的争论。一派以美国学者 Rousseau、Robinson 和 Morrison 等为代表，强调心理契约是雇员个体对双方交换关系中彼此义务的主观理解，被称为"Rousseau 学派"；另一派则以英国学者 Guest、Conway、Herriot 和 Pemberton 等为代表，强调遵循心理契约提出时的原意，并认为这是雇佣双方对交换关系中彼此义务的主观理解，可以称之为"古典学派"。两派在 20 世纪 90 年代就心理契约的概念及其相关问题展开了激烈的争论。

一般来说，现在的心理契约存在广义和狭义的两种理解。广义的心理契约是雇佣双方基于各种形式的（书面的、口头的、组织制度和组织惯例约定的）承诺对交换关系中彼此义务的主观理解；狭义的心理契约是雇员出于对组织政策、实践和文化的理解和各级组织代理人做出的各种承诺的感知而产生的，对其与组织之间的，并不一定被组织各级代理人所意识到的相互义务的一系列信念。此概念的本质特征就是对建立在承诺基础上的相互义务的主观感知，这在两种界定中都得以体现。到目前为止，两种视角的研究同时在进行，但是基于狭义心理契约基础上的研究远远多于广义基础上的研究，而且很多属于应用研究（下面的应用研究大多属于这类研究）。

学者们在就心理契约概念的本质进行争论的同时，也对其内容展开了广泛的研究，有的侧重于对心理契约的内容进行特质的归纳；而有的则侧重于进一步的因素提取，得出更具普遍性的心理契约结构，主要有二维和三维因素两种结果。

Rousseau 和 Parks（1993）认为，虽然心理契约存在很大的个体性和特异性，但基本上可以分为两大类：交易型心理契约和关系型心理契约。它们在关注点、时间框架、稳定性、范围和明确程度上存在差异。交易型心理契约追求经济的、外在需求的满足，雇员的责任界限分明；关系型心理契约追求社会情感需求的满足，雇员的责任界限不清。Robinson、Kraatz 和 Rousseau（1994）的实证研究显示，员工认为组织的义务主要归结为以下几个方面：内容丰富的工作、公平的报酬、成长和晋升的机会、充分的工具和资源、支持性的工作环境和有吸引力的福利；员工认为他们的义务主要集中在 8 个方面：对组织忠诚、加班工作、自愿做分外工作、接受工作调动、拒绝支持竞争对手、为组织保密、离职前提前告知以及至少在组织工作两年。他们在对组织和雇员的义务进行了分析以后，发现了两个共同因素：交易因素和关系因素。Tsui（1997）、Mllward 和 Hopkins（1998）也都通过各自的实证研究证明心理契约确实存在交易因素和关系因素。

以上研究都认为心理契约的结构是二维的。然而，支持三维结构的研究也不少。Rousseau 和 Tijorimala（1996）的实证研究显示，心理契约由三个维度构成：交易维度、关系维度和团队成员维度。交易维度指组织为员工提供经济和物质利益，员工承担基本的工作任务；关系维度指员工与组织关注双方未来长期稳定的关系，促进双方的共同发展；团队成员维度指员工与组织注重人际支持和良好的关系。Lee 和 Tinsley（1999）在对中国香港特区和美国工作团队进行了研究以后认为，员工心理契约由关系因素、交易因素和团队成员因素三个维度构成。

同时，也有不少的研究者放弃用因素分析法抽取公共因子的方式，而直接对心理契约的特质进行研究。Freese 和 Schalk（1996）的研究显示组织的义务由五个方面组成：工作内容、人力资源管理制度、激励制度、个人发展和社会交往。Herriot、Manning 和 Kidd（1997）的研究表明，组织对雇员义务的期望主要有：守时、敬业、诚实、忠诚、爱护资产、体现组织形象、互助；雇员对组织义务的期望主要有：培训、公正、关怀、协商、信任、友善、理解、安全、一致性、报酬、福利和工作保障。

不同的研究者在不同时期采用不同的样本进行研究，其结果会有一定差异，但有一点是不变的：那就是心理契约的内容，尽管雇员和雇主对对方所寄予的期望在最近几年里发生了巨大的变化（Hiltrop，1995）。Hiltrop 总结了前后几年间心理契约的内容在焦点、形式、时间跨度、范围、内在原理、产出、雇主责任、雇员责任、雇主投入和雇员投入方面发生了根本的变化。

由此可见，很有必要对心理契约进行时间差异和对象研究，因为过去理解正确的心理契约现在可能就是错误的，对一部分群体来说理解正确的心理契约，对其他群体可能就是错误的。差异研究可以为管理实践带来更大的效用。在本文中，把心理契约看作是个期望过程，以研究通过外派适应的影响而导致的外派成功的影响。

1.5　外派研究中的研究方法问题

外派研究主要包括外派中的人力资源管理研究、外派经理研究和外派与派回反应研究等。其中关注外派中的人力资源管理研究的研究者主要聚焦于外派任务接受、确定外派经理潜质、外派培训和外派经理绩效考核等方面；其次关注外派问题的研究主要关注外派影响策略、外派指导和外派中的冲突处理等；最后对于外派反应的研究关注外派经理的职业生涯发展、适应问题、心理退缩、外派前的考虑、承诺度和与当地员工的公平感等（Werner，2002）。除了关注的问题比较聚焦外，外派研究表现出三个方面的不足：首先，除了极少数研究（比如，Edstrom 和 Galbraith，1977；Boyacigiller，1990）外，大部分研究基本上只是对特征的描述，而缺乏理论基础（De Cieri 和 Dowling，1990）；其次，大部分研究不能解释外派政策和公司跨地区战略的关系；最后，不同方面的外派研究（比如，外派选拔、外派薪酬和多次外派等）都没有用整体的思路来研究（Bonache、Brewster 和 Suutari，2001）。

1.5.1　测量方法

在大多数跨地区或跨国外派研究中，均采取问卷测量方法，除了 Lievens（2003）等用评价中心和行为描述面试研究个性、认知能力和能力维度等对跨国培训绩效的预测作用。高结构化的面试是工作绩效的有效预测工具（Huffcutt 和 Arthur，1994）。Lievens 等所使用的行为描述面试方法相对于情境面试方法具有更高的效度（Huffcutt 等，2001；Pulakos 等，1995）。因为行为描述面试基本上是一种用以测量多维度构思的方法（Huffcutt 等，2001），可以用于跨地区/跨国外派中绩效关联的构思。在 Lievens（2003）等的研究中，行为描述测验主要测量忍耐力、团队工作能力、自律性、跨文化知觉等维度。而他们将外派任职所需的沟通能力、适应能力、组织和商业嗅觉能力等用群体讨论和分析式演讲来测量。在行为情境面试中，被试被要求回答反映跨情境培训所需的特殊能力的过去工作情境事例。心理学家根据访谈提纲上每个维度对应的例子和问题，来评价被试的回答。

Kraimer（2003）等在感知到的组织支持的研究中，为了获取组织和外派经理两方面的数据，通过外派经理本人及其主管两个对应版本的问卷来研究 POS。外派经理的主管评价外派经理的工作绩效和 POS。外派经理填写外派适应性、组织承诺、留任意愿、角色因素、LMX 和 POS。

在研究工具上，外派研究形成了比较趋同的研究工具体系。对于工作绩效的测量主要集中在任务绩效、周边绩效和外派留任（Shaffer 和 Harrison，1998）等方面。周边绩效和任务绩效在 Kraimer（2003）的研究中，主要包括了主管填写的 5 个项目的任务绩效和 6 个项目的周边绩效。如果外派经理是异地公司的负责人，那么组织绩效可能需要在研究中收集。对外派调整，Black 和 Stephen（1989）的 14 个项目量表通常被引用，包括工作、一般和人际调整三部分。组织承诺通常用到 Mayer、Allen 和 Smith（1993）的情感承诺问卷。角色压力方面的问卷有 Rizzo（1970）等的 6 个项目角色模糊问卷、Kelloway（1990）等的 6 个项目角色冲突问卷、Nicholson（1988）等的 4 个项目角色新异性问卷。LMX 通常使用 Liden（1998）等的 12 个项目问卷。POS 方面经过验证的量表包括 Kraimer（2003）组合的 14 个项目问卷和 Eisenberger（1986）等的 9 个项目简缩版问卷。

Shrinivas（2004）等总结了 23 年来外派适应性调整的研究后指出：绝大多数研究都是通过问卷研究方法来收集数据的，而现场实验严重缺乏，除了跨文化培训的追踪研究外（Deshpande 和 Visweswaran，1992），进而他们提出纵向研究对于描绘外派适应调整模式或阶段的重要性。在更多研究中，外派研究文献并没有超越外派调整的绩效，所以将来的研究有必要对效标构思空间和这些效标策略的不同来源数据进行深入分析（Harrison 和 Shaffer，2001）。除了定量测量以外，定性的基于周边的测量，比如对在文化、人际和工作情景下的差异程度、挑战和复杂性进行论述。最后 Shrinivas（2004）等指出样本特征，如外派长短、外派完成程度和外派次数、以往工作年限和地点等都能对外派研究结果解释带来帮助。

1.5.2 准实验研究方法

Smith（2000）认为实验方法是提供因果关系证据的有效方法，能够有效消除非因果因素对结果的影响。组织研究中的实验方法能够有助于理解组织现象中的心理过程（Greenberg 和 Tomlison，2004）。心理学实验典型特征包括实验干预、干预后的测量、对照及控制等，实验操作认为实验处理和产生变化的结果有关。社会背景下的实验实施中具有较少的隔离、程序标准化以及实验处理的长时间性，通常用于检验作为多个要素构成的实验处理或干预，而不是假设的单一理论驱动的前因构思。根据实验处理实施对象的随机化与否，这种情况下的实验包括随机实验和准实验设计。准实验通常是对不同处理条件，被试被研究者分配或自动分配实验处理条件（Cook 和 Shadish，1994）。

准实验设计与实验设计的区别就是缺少一个关键因素——随机分配。Trochim（2002）列举了两种经典的准实验设计，其中经常采用的准实验设计是不等同对照组设计，这种设计的简单形式是需要设置实验处理组和对照组的前测和后测。在这里，非等同设计中采用协方差分析是没有随机分配的实验设计的一个基本特征，协方差设计在回归模型中去除前后测的高相关，也就是解析出后测的无关变异。另一种准实验设计是不连续回归设计，这种设计在前测后根据某个分数选择某些被试进入实验组，其他进入控制组，但这并不会因为趋中回归带来偏差。

1.6 以往研究结论与有待研究的问题

国内外对于外派的研究有很多，Werner（2002）总结了国外对于外派研究主要关注了外派中的人力资源管理，如外派任务的接受（Aryee、Chav 和 Chew，1996）、外派绩效评估的正确性（Gregerson、Hite 和 Blackm，1996）、跨文化能力培训（Leiba – O'Sullivan，1999）和外派潜能测量（Spreizer、McCall 和 Mahoney，1997）；外派过程中的问题，如高级外派及其绩效（Bolino 和 Feldman，2000；Suutari 和 Tahvanainen，2001），与当地冲突（Doucet 和 Jehn，1997），外派指导（Feldman、Folks 和 Turnley，1999）和影响策略（Rao 和 Hashimoto，1996）。另外一个主要研究领域是外派反应或再次外派反应问题。如外派家庭与跨文化调整（Caligiuri、Hyland、Joshi 和 Bross，1998），再次外派中的承诺度（Gregersen 和 Black，1996），多次外派与家庭调整问题（Gregersen 和 Stroh，

1997)，离任与公平（Garonzik、Brockner 和 Siegel，2000），职业生涯与外派支持（Harvey，1997），下属公平感（Leung、Smith、Wang 和 Sun，1996），心理退缩（Shaffer 和 Harrison，1998；Selmer，2000）以及工作与适应调整（Shaffer、Harrison 和 Gilley，1999）。而对于外派适应性调整的研究在 Shrinivas（2004）的外派适应调整总结中得到，外派阶段性主要是 Black（1991）的 U 形四阶段理论。其中对外派阶段适应性调整中的适应策略研究很少，除了 Van Oudenhoven（2002）等对于外派类型和策略运用的研究外，很少有研究涉及外派适应调整阶段性和外派策略运用的问题。因此，有必要提取适合外派调整阶段性的外派适应难题进行更为精细的定量研究。国内关于外派的研究主要有海员外派问题、外派培训问题、公司外派战略和资深外派等问题，其中以理论探讨为多，较少涉及模型构建与对比研究。

在外派研究的研究方法上以理论论述为多，Werner（2002）总结了 20 个顶尖杂志上近 5 年的文章，认为 13% 的文章属于理论阐述，6.3% 的文章运用案例的方法，少于 5% 的文章采用了定量方法或模型构建方法。并且，研究领域以宏观研究为主，主要是以公司水平为大多数研究的水平，而较少以个体水平进行相关研究，更少以跨水平进行研究（Klein、Tosi 和 Cannella，1999）。

综合上述外派适应性调整方面研究的内容与方法总结，需要采用定性与定量结合的方法来研究外派适应调整问题，外派适应调整作为一个复杂的过程（Haslberger，2005），受到众多因素的影响，有阶段性特征。如 Shrinivas（2004）所指出的外派受到五大方面的影响，需要用定量的模型构建来建立外派适应调整的模型，并采用准实验研究方法来建立外派适应阶段性的适应性调整策略模式。

1.7　外派适应性调整研究的理论框架

1.7.1　外派调整策略

Van Oudenhoven（2001）等根据外派经理与母公司和当地公司的关系将外派

经理分为四种类型：①自由代理（对派出公司和派入公司低忠诚）；②扎根的外派经理（对派入公司高忠诚，对派出公司低忠诚）；③作为派出公司代表的外派经理（对派出公司高忠诚，对派入公司低忠诚）；④双重公民（对派出公司和派入公司均有高忠诚）。他们研究了这 4 种外派经理在文化认同、开放心态、外向性、情绪稳定性、冒险精神、行动导向、灵活性、坚韧度和对跨文化成功的组织承诺等方面的差异。研究发现：灵活性和冒险性与自由代理类型联系在一起；外向性和文化认同与扎根的外派经理匹配；开放心态和行动导向与双重公民联系在一起；对公司承诺和坚韧性与作为派出公司代表的外派类型联系紧密。因此，不同类型的派出经理，派出公司对其类型的认同带来的外派适应性调整策略具有显著差异。自由代理者喜欢新任务挑战，尝试新情境，会根据环境来随时调整目标，因此他们通常与灵活性和冒险精神联系在一起；扎根的外派经理喜欢在当地社会化适应，和当地人交朋友，具有和当地人一样的情感、思想、动机和行为，因此高的文化认同和外向性与他们联系在一起；作为派出公司代表的外派经理将派出公司放在第一位，将完成公司任务作为职责。他们通常对母公司的忠诚度很高，能够忍耐很多诱惑。最后，双重公民的外派经理对本地公司员工和文化能够保持公平、没有偏见的态度，同时执行派出公司的工作目标。因此，他们通常具有开放思维和行为导向。Van Oudenhoven（2001）进而指出在进一步的外派研究中，需要运用人与环境匹配思路来研究不同类型的外派经理和环境（工作类型、组织和区域/文化）之间的关系。

Shrinivas（2004）等在用元分析总结 23 年外派调整决定因素和结果因素的研究中，检验了适应性调整时间模式的 U 形曲线假设及其缓冲变量，着重指出外派调整的集中性、临界点和复杂性。根据 Mendenhall（2002）对外派调整的文献总结，Black（1991）的外派调整模型得到了大量的实证研究证实。该模型的核心是多维度构思（文化或一般、人际和工作适应调整）。为了发展该模型，Black（1991）指出模型如果需要更细致的研究，需要三个假设前提：第一个假设是调整是有临界点的，最终会演化为外派经理的基于压力的调整结果（如满意度、离任认识和绩效），这由 Harrison（2001）等通过系统方法进行了研究。第二个假设是模型对于所有外派经理均适用。近期的证据表明外派过程可能非常复杂，在特定的周边、结构和个体条件下（Shaffer 等，1999）具有不同特性。第三个假设是调整在过程上随时间按照阶段出现 U 形曲线变化（Toriorn，1982）。在 Shrinivas（2004）等的研究中，根据时间和调整程度提出了四个适应调整阶段：蜜月期、文化震荡期、调整适应期和掌握自如期。

1.7.2　理论要素聚焦

（1）外派经理多阶段适应调整问题。根据 Mendenhall（2002）对外派调整的文献总结，Black（1991）的外派调整模型得到了大量的实证研究证实。因此，研究外派调整与适应性策略参考该外派调整模型。在研究调整与适应过程中，将适应调整视为多维度构思；外派适应调整过程复杂，在不同阶段具有不同特征；随时间出现 U 形曲线变化；不同的外派任务和组织背景会影响外派调整的过程。

（2）外派经理适应匹配问题。另一个研究聚焦在：运用社会化适应策略（P－O 匹配）来研究适应调整问题。

1.7.3　研究方法

本研究将采用研究行为描述访谈和问卷调查的方法来进行。对访谈材料进行编码处理，编码框架考虑到外派任务、外派能力和外派策略三部分。对问卷收回来的数据则将采用 SPSS13.0 进行分析，并用 AMOS5.0 进行结构方程建模。

1.7.4　技术路线

寻求国际人力资源管理与跨国/跨地区经营协调，是成功实施战略的主要内容。国际人力资源决策主要基于公司如何面对全球和地区两难问题。对于外派经理和外派管理的研究，学者们主要关注国际人力资源管理的选拔、培训与开发、业绩考核、报酬以及调回等问题。外派适应问题虽然在国外已经有大量相关研究，但在中国背景下的实证研究却显得比较少，尤其是跨文化背景下的非问卷研究、研究外派任务和适应调整策略关系。

我们还希望通过一系列案例的研究，在了解其适应性调整策略的基础上，进一步对我国跨国外派或跨地区外派实践活动进行研究，以一个系统的观点来研究跨地区或跨国外派适应性调整模式及其影响因素。针对跨地区或跨国经营良好的企业与跨地区经验失败企业的抽样调查来研究外派经理适应性调整策略及其跨国或跨地区人力资源管理经营战略。同时，本研究将对当前的外派适应调整问题进行方法和理论方面的拓展。

总的研究框架，如图 1 – 2 所示。

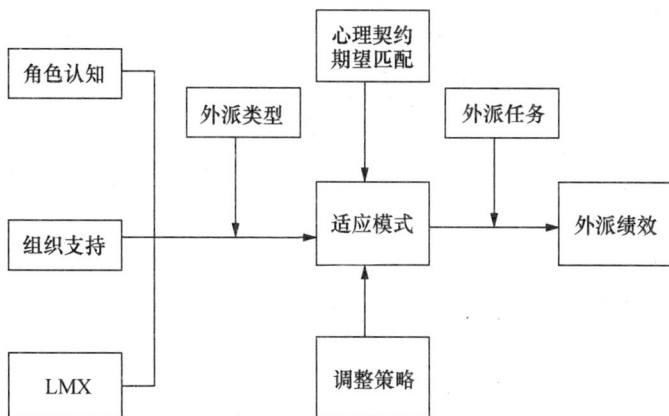

图 1 – 2　研究的总体框架

上面的 LMX（领导—成员交换）是指员工与其上级之间人际交换关系的质量，LMX 能够有效预测外派绩效（Kraimer 等，2001）和各种当地员工的工作态度及行为（Liden 等，1997）。本书主要是对于适应性调整模式的研究，在第 2 章访谈研究基础上，第 3 章将对外派经理心理契约期望匹配进行研究，了解期望匹配影响外派绩效的关系；第 4 章将对影响适应性调整模式的多个影响因素，包括角色认知、组织支持、领导成员交换和外派类型、任务等进行研究；第 5 章将采用准实验设计的方法来验证多阶段外派适应调整模式中策略组合运用的情况。

第2章 外派适应模式与调整策略的案例与访谈研究

2.1 引 言

随着经济与贸易的迅速全球化（Javidan 和 House，2002），跨文化背景下外派经理管理不论是对于国际性的管理人员来说，还是对于国际性大公司来说都具有重要意义。战略发展需要跨国并购和联盟，比如联想集团（Lenovo）并购 IBM PC 部门，TCL、华为等公司进行海外投资，以及更多的国内公司开展异地经营等，都已经成为一个极其重要的企业人力资源管理问题，这使企业中的人力资源管理面临了新的挑战，它与公司的经营战略、组织结构体系以及文化价值观等紧密联系，能够发挥难以复制、不可替代的竞争优势。随着这些企业在对外扩张与并购方面呈现的交易规模持续上升、目标公司广泛分布于不同行业、目标公司规模较大以及交易结构日趋复杂，中国企业亟须进行创新和管理变革，通过全球化和海外并购，能够获得经营大型国际公司的最佳实践，提高创新、财务控制和产品研发能力（孟良和顾宏地，2005）。而国内跨地区经营的企业对外派经理管理十分重视，需要更为理论、系统地研究外派经理问题。

2.2　研究目的

本外派适应性调整策略访谈研究包括两部分内容：首先，通过面上了解企业派出经理的管理模式、外派经理选拔与考核、外派调整阶段特征；然后，我们采用结构化访谈和关键事件法来获得三阶段条件下的难题处理及其适应调整策略运用情况。

本部分访谈将作为后续研究的准备，对外派经理及其派出企业的非结构化访谈主要是为了获得外派经理适应调整的影响因素及其内部作用机制。第二部分的结构化访谈主要聚焦于外派中的适应调整难题及其策略运用。这部分资料将用于研究工具材料开发。

2.3　外派经理适应性调整策略预访谈

访谈法是指调查者依据调查提纲与调查对象直接交谈，收集语言资料的方法，是一种口头交流式的调查方法。其主要特点是：采用对话、讨论等面对面的交往方式，是双方相互作用、相互影响的过程。由于访谈法有利于捕捉和了解新的或深一层次的信息，适应性广，还易于建立主客观双方融洽的关系，使访谈对象坦率直言，从而提高结果的信度和效度（王重鸣，1998）；同时，由于外派经理的适应性问题一般不会直接以书面的形式存在，而且往往是内隐于外派经理们的意识中，需要我们发掘。一般研究者们可以通过对问题的发现、引导以使被研究者将其内隐的适应性调整策略挖掘出来。

由于正式研究和访谈是一种有目的的研究，尽管我们对前人的研究和文献进行了系统的分析，也预测了几个访谈的问题，但是实际情形中往往会出现新问题。因此，在进行正式访谈之前，我们首先对于外派经理适应性调整策略进行了预访谈，为以下的正式访谈提供聚焦目标和现实根据。

2.3.1 预访谈设计

在初步访谈中，我们根据前人文献，围绕外派经理能力素质、选拔、考核、支持等方面进行，以了解这些因素对外派适应的影响。我们主要采用了半结构化的访谈，为了发现新问题，我们考虑到设计较为开放性的问题，以期发现外派适应调整中我们没有意识到的问题。

预访谈问题如下：

（1）您从哪家企业派到何地？

请您简要介绍本地公司的情况。

您目前从事的工作主要是什么？

（2）您认为外派经理需要哪些素质和能力要求？

请问贵公司是如何选拔外派经理的？

请问贵公司是如何对外派经理进行考核的，有相应绩效考核体系吗？

请问母公司对你们外派经理的支持程度怎么样？

（3）请您谈谈在外派期间的适应情况。

请您谈谈在外派适应期间还会出现哪些问题？

第一类问题的目的是直接了解外派经理的大致情况以及所在公司的基本情况；第二类问题的目的是希望了解与外派适应有关的一些因素；第三类问题的目的是了解外派经理的适应情况以及出现的问题。

我们以上述问题为主线，结合具体情况，适当追问访谈对象，必要时与他们进行讨论。时间一般控制在一两个小时之间。这样通过预访谈，并对访谈资料进行整理归类，我们初步了解了外派适应调整可能会出现的问题。

2.3.2 预访谈对象

鉴于可能存在由地区差异、行业差异和企业性质差异而导致不同的适应性问题，本次预访谈在取样上尽可能覆盖全面，先后对杭州、宁波、太原、广州、深圳、上海等地区以及越南、美国和德国等几个国家的国有、民营、合资或外资企业共计15位外派经理进行访谈。企业涉及商贸、家电、饮料、机械加工、服装、纺织、食品、通信、建筑等不同行业。其中外派经理中有适应良好和适应不良的。

2.3.3　预访谈小结

我们总结了预访谈，对外派情况的初步了解小结如下：

（1）外派经理的素质和能力要求。外派经理一般从公司总部的中层选拔，要求责任心较强，对公司的管理思路和业务较熟悉，具有一定的开拓能力和敬业精神，认真的工作态度，善于融会贯通。同时还要有一定的家庭实力和个人经验。具有一定的用人能力。

（2）外派经理选拔流程。外派经理一般是从内部进行招聘，外派经理选拔的流程一般是要求—选拔—确定—培训—派出。

（3）外派经理相关问题解决。外派经理相关问题的解决包括家属安置、政策支持、薪酬支持、决策支持等。

（4）外派经理的绩效考核。目前对外派经理的绩效考核还较难，许多公司总部没对外派经理确定明确的绩效考核标准，一方面是分公司与总公司之间的信息渠道不够透明，另一方面是由于其中有很多动态的变量，公司尚未建立一套完善的对外派经理的考核系统。

（5）外派经理要成功解决经济问题、质量问题、管理问题、人际关系问题和技术问题等。分公司总经理与副总经理的协调和匹配也是外派经理成功的一个重要因素。

（6）外派中还存在着诸多问题。主要问题有匹配问题、诚信问题、监督和激励问题、绩效考核问题、总部的支持与配合问题等。

2.4　外派经理适应性调整策略案例研究

在进行了预访谈后发现了外派经理若干调适问题，基于相关文献和上述调研，运用案例研究（case study）方法，相对深入地探讨外派经理适应性调整，并分析其策略。

案例研究方法是一种常用的定性研究方法，这种方法适合对现实中某一复杂和具体的问题进行深入和全面的考察。通过案例研究，人们可以对某些现象、事物进行描述和探索，还可以建立新的理论或者对现存的理论进行检验、发展和修改（孙海法、朱莹楚，2004）。案例研究方法相对于其他基于大样本获取数据的研究方法，具有能够获取极其丰富、详细和深入信息的特征（Berg，2001），在管理学科的研究中都得到了广泛应用。

根据 Yin（1994）、Winston（1997）和 Berg（2001）的观点，案例研究方法根据其研究需要和设计的不同，可以分为探索性案例研究（exploratory case study）、解释性案例研究（explanatory case study）和描述性案例研究（descriptive case study）。探索性案例研究往往是界定一个研究问题前的实验性研究；解释性案例研究通常用于因果关系的研究中，通过揭示案例的多维信息来证明相关的理论陈述；描述性案例研究则是指在研究前就形成和明确分析单元。本研究根据研究需要采用描述性案例研究的方法，先根据以往文献和相关理论，以及前面的预访谈，确定一个描述性理论框架，然后用相关的案例来说明。本研究的分析单元包括与外派经理适应调整相关的所有公司和个人的活动。

鉴于案例研究方法可以同时运用多个案例分析一个问题。因此，本研究选择了6个有代表性的案例进行分析。前面2个分开来阐述，后面4个比较相似，合并在一起进行分析。案例研究可以同时运用多种方法获取数据，本次案例研究以相关的深度访谈为主，辅之以企业网页浏览以及查询相关知情部门等多种方法并行来分析外派经理适应问题。

从本研究预访谈发现，外派经理适应与否涉及公司和个人两个层面，所以本案例研究需要分析这两层面的情况。

案例一：天屹集团外派案例

（1）天屹集团概况。浙江天屹集团（含浙江天屹网络科技股份有限公司和浙江天屹信息产业集团有限公司）创立于1992年，从事同轴电缆、数据通信电缆、光纤光缆、宽带网设备的制造，网络系统技术集成、管理软件开发和多媒体数字宽带有线网络的设计、施工。

公司是国家科技部确定的"国家重点高新技术企业"和浙江省政府重点培养扶持的"五个一批"企业，是中国电子百强企业和中国电子元器件行业百强企业，拥有自营进出口权，并在国内广电设备制造行业中率先被中国建设银行总行批准开展广电系统买方信贷业务。其"天屹牌"商标被浙江省工商行政管理局评定为"浙江省著名商标"。公司在致力于信息传输产品的研制开发的同时，较早地介入数字有线电视网、多媒体宽带接入网的方案研究和网络建设，现已实现信息传输网络产品的系统集成，具备了网络工程的设计、成套和施工能力。

（2）目前公司拥有子公司情况。公司共有 26 个分公司，现在已撤去换成办事处，由集团独立承担管理。如撤除黄山、临安、杭州分公司，合并由自己管理，原在上海的分公司、香港公司等也撤除。公司认为这样做利大于弊。因为集团对子公司管理比较难，而子公司的生产、销售经理不是职能全面的人，能力比较单一。在有些地方的分公司则不错，如在兰州的分公司与母公司之间的关系就较好。

公司撤除这么多分公司的原因为：①产品不做了，就不再需要相关的分公司，如黄山分公司。香港公司进口材料价上涨、融资难，失去了原来的优势。上海、北京分公司各自发展了自己的技术，所以也不再需要。所以撤除这些分公司都是有针对性的。②从市场销售的角度来看，分公司独立运作，利益和势力都越来越大，存在着独立的隐患。但主要问题是出在总公司，因为高层管理层存在问题。比如说总经理和负责分公司的副总经理之间的责任和权利的矛盾。③与产品本身有关系，因为产品没有涉及很多用户，而只涉及很少的用户，目标客户群体比较分散且数量少，因此没有设分公司的必要。

（3）公司外派的情况。外派经理都是从公司的业务员中选出，需要有经验、有业绩、成绩表现好，大多没有将中层干部派出去。但北京、上海、中国香港地区以前的外派经理是从中层干部派出去的，部分派出时间为半年到一年，而外派一两个月的居多。在派前要进行财务管理、技术业务、如何处理工商税务问题等各项业务培训。有家庭的，一般是家人（妻子、孩子）一块带出去，在当地买房子。从总体来看，凡是在当地扎根的外派经理都能形成良好的关系，本地化适应能力强，业务能力强。但也有 1/3 的人不适应陌生环境，未到一年就回去了。外派经理的条件需要入网站证、当地入网证等证件。

外派经理往往抱怨公司总部没有及时配合和支持。

对外派经理的考核，一般是按任务进行考核。以本人的工作为基础，即基本工资、各种保险以及做成业务后的提成等。基本年薪不会比本地的工资水平高，也不会低。各种出差费用、住房费用等由公司承担。

存在的问题。外派出去的经理很少再回来工作的，他们认为自己连区域经理都干过了，所以一般在任期结束后自己另创业的居多。因为在外派期间，公司很难控制外派经理的在外行为。另外，外派经理一般有多个手机和电子邮箱，所以常在职务范围外做其他的事情。当外派经理在做了一些贡献羽翼丰满后，就开始脱离公司的目标和计划，准备单独做。这与对管理关系定位、公司的统一思路和公司文化有很大关系。如何选拔出合适的外派经理，避免这种现象，降低外派经理的风险……是一个值得深思的问题。

案　例

1990 年，武汉（万马）分公司罗经理是因为想换一下环境，所以到了分公司。原计划是去锻炼，积累经验再回来。但公司当时不给工资，主要靠自己找订单，公司发货，从而进行一定提成，他当初很不适应这种环境。后来因为在这个过程中做成一笔较大的交易，这样才定下心来。并且遇到了朋友，自己给广电的人上课，从而打开了局面。从这个过程来看，两个方面的原因导致了外派经理的成功：一是交到了好的当地朋友，给予支持；二是自身对技术的熟悉。一些外派经理回来后会后悔，因为外派前只培训对产品的了解，没有培训其他技能。回来之后，从薪酬上来看会有所失，但从个人的职业发展来看，则为自己以后的晋升奠定了基础。

一般来说，从总部派出去的经理适应性强，便于统一管理，对工作也能做到专心致志。而当地的经理难以控制，对工作不够专心或者是自己单干。如果总公司与分公司发生纠纷，官司也很难处理。

(4) 外派经理成功的要素。对外派经理最重要的能力要求是具有开拓能力、敬业精神。而认真的工作态度，善于融会贯通，同时具有一定的家庭实力和个人经验也是必要的。

外派了一定时间后，业务等级、管理都有了一定的提升。当时万马有 97 个外派经理，后来又扩展了二十几个。外派经理需要解决经济问题、质量问题、人际关系问题和技术问题等。

外派经理的成功标准：①在前人的基础上，业务的开拓，把不好的业务整改掉。②率领分公司团队，处理好与下级的关系（对事不对人）。

外派经理对于业务员的职业生涯发展没有进行很好的规划。但人事财务的决策权却属于他们，因此培养了一大批经理。

下面为在不同阶段对外派经理的要求。①万马阶段。初中文化要求，对其他文化素质、习惯能力不做很高的要求。②天屹阶段。对外派经理进行培训，文化程度要求高中毕业以上，有相对实践经验的除外。③在家庭实力方面。对外派经理的家庭经济实力有一定的要求。因为若家庭很拮据，则会使外派经理牵挂，无心工作，而且还可能会导致外派经理为了个人家庭的利益而损害公司的利益。

选择外派经理时需要通过面试、培训，进行协作时间安排等。

案例二：娃哈哈集团

（1）娃哈哈集团概况。杭州娃哈哈集团公司是中国最大的食品制造企业及营业额最大的 197 家大型工业企业集团之一。自 1987 年创立以来至 1998 年已发展成拥有总资产超 20 亿元、净资产达 17 亿元的国家大型一流企业，已跻身于全国最大经营规模及最大利税总额 500 强，并连续 3 年居全国食品制造业利税总额第一位。

娃哈哈在全国 11 个地区有生产基地，在杭州总部就拥有总占地面积近 600 亩的 3 个基地，其先后从德、美、意等国家引进具有 20 世纪 90 年代先进水平的生产设备，使生产能力大大提高，已形成规模化大生产模式，企业经济效益以惊人速度递增。1997 年，销售额高达 23 亿元，利税达 5 亿元，在 1996 年的基础上翻了一番多。1998 年，公司销售额预计 40 亿元，力争 50 亿元。为充分发挥规模化大生产模式的优势，公司领导明确提出将 1998 年定为"管理年"。财务部通过和杭州新中大软件股份有限公司合作，在 1998 年 1 月顺利完成了公司财务管理信息系统的建设任务。

（2）公司拥有子公司情况。娃哈哈"销地厂战略"在很多地方建厂，充分利用当地的资源，实现每地有一个厂。仓储 30 多个。外派经理一般都很努力向上——做大做强。分厂（子公司）总经理、财务科长、质量科长、办公室主任、设备科长、车间主任、副总经理由公司派 5 人左右（有些是一人兼多职）。办厂的形式是兼并当地企业，并购国有企业，或直接投资，或合资，但与当地政府合作却很少成功，最后被政府收购掉。1998 年公司共 31 个分厂，外派人员 114 人，当地正式员工 21600 多人，临时工 7000 多人，销售人员派出 200 多人，当地雇用 2000 多人。

（3）娃哈哈公司外派模式。外派总经理时选拔情况为：①从内部招聘，有些是老板亲自点将。②有些是人力资源部收集候选人选后，由上级选拔。总经理确定后，人力资源部与上级重新安排其他人选。财务、质检、设备等负责人进行外派管理。一般从杭州总部选拔人选，外派出去工作，工资待遇仍保留。外派的津贴有 6 万/年、3 万/年、4.5 万/年等。总经理和副总经理不带家属，不从当地招进。家属探亲，报销路费。

对于外派经理的素质要求及考核：初期，要求责任心较强；短期，技术要求较高；长期，管理能力要强。综合能力要求：对公司业务要熟悉；用人能力要强。因为若是外部招人，质量容易出问题。所以外派要成功，要由公司自己人进行管理，总部要信得过，熟悉管理的套路，独立办事能力较强。外派经理的业绩占外派经理年度考核的 10%，工作的难度大小，品德分数占 25%。质量每月考核一次，设备每两个月考核一次。大部分评级评议一年一次。没有太考虑职位的高低，分厂经理在娃哈哈来说是职位较高的。

（4）外派情况。在公司进行外派后，外派经理中几乎没有人愿意回来，因为在杭州总部要求较严，而外派在外，老总约束较少。另外回来是没有位置可以安排的，从收入来看，回杭州的薪酬没有外派薪酬高。另外中层股份、分红不低于 10 万元。所以外派经理基本处于不再提升、不再调动的稳定状态。外派经理的权力比在杭州大，控制能力比较高，若是大项目，一般只管生产，不管销货。人员的名额是有限定的，员工工资也由总部决定。季节工资是按计件工资制。对于总经理人选，一般是从杭州市内部的副职升为正职，因为做科长的很多人不愿意离开杭州，一般都是大学生、技术员、工作 2 年以上的员工。总经理、副总经理必须要在公司工作 1~2 年以上。副总经理必须与老总相匹配，即一个管设备，另一个要懂管理。财务是从外部招聘的，因为杭州总部的财务经理很难派出去。这样的条件也导致了派出去难，被派出去的不愿意回来。

案例三：任务与调整策略案例情况分析

在初期案例研究的基础上，我们根据前人研究和理论进行了进一步深入访谈，并对其中的案例有了更深刻的了解。

（1）几个相似案例情况概要。在中国浙江、上海、山东和越南共计 4 个不同外派子公司研究外派任务和调整策略，主要围绕外派任务、外派调整、外派绩效、外派能力、可感知的组织支持（POS）等方面。行业涉及服装、加工、商贸。

（2）各案例外派情况。

外派经理 1。由于行业的特性，文化差异对工作造成的影响不是很大，而且很多操作性、实际性的工作由当地的员工来完成，所以当地员工就起了一个文化差异融合中介的作用。至于生活上，只能适应，没有其他办法；不过生活上没有问题。至于交流方面，可以向员工学习，并且要做到尊重当地的民俗风情。

外派经理 2。因为在到越南之前他还在其他国家待过 9 年，所以对一些调整文化冲突的原则性的策略并不陌生。文化适应的四个阶段应该说是相互渗透的，很难把它们清晰地区分开来。无论从工作还是生活交际上来讲，都要多跟当地人直接接触、多做工作、多亲身实践。那么这就要求掌握当地的语言。而当地的语言和当地的文化又是相互渗透、相互交织在一起的；学习当地的语言本身就是适应当地文化的一个很好的手段；同时，正如上面所说，当地的语言同时又是进一步适应当地文化的一个重要工具。

外派经理 3。公司的支持不是很大，如果有公司的支持将会很有帮助。另外至于个人职业规划以及驻外津贴方面在一开始的时候就已经跟公司协商好了；当然个人的职业规划还要看本人实际工作当中的表现，根据表现的差异，公司会做适当的调整。

外派经理 4。主要的成就来自工作的最终业绩，工作决定一切。现在公司在当地市场的份额在扩大，公司的品牌逐渐被认可。适应新环境的标准就是能够顺利开展工作并且取得成绩。喜欢外派，喜欢快节奏的不断的变换；从事一些开拓性的工作。长期的外派工作经历对于适应能力最重要的帮助就是学会了尊重别人的风俗；能够迅速地改变自己，把自己思想中不符合当地实际情况的一些东西改正过来。

（3）4 个案例中的外派适应以及外派任务与调整策略。在外派调整方面，Shrinivas（2004）等在用元分析总结 23 年外派调整决定因素和结果因素的研究中，检验了适应性调整时间模式的 U 形曲线假设及其缓冲变量，着重指出外派调整的集中性、临界点和复杂性。且在他们的研究中，根据时间和调整程度提出了四个适应调整阶段：蜜月期、文化震荡期、调整适应期和掌握自如期。在这几个案例中，各外派经理也认为存在这样的 4 个适应阶段。而对于外派任务与调整策略，案例体现了下列情况：①无论是面临哪种任务，与外部的沟通都显得十分重要。②一般外派经理的任务与外派前的任务基本变化不大。③对任务要求的速度、准确性和对外依赖性有较大的灵活性，较依赖母公司和市场情况。④不同的工作任务，甚至不少相同的工作任务却对任务始末的定义清晰程度不一样，大家往往会依据公司实际情况和考核情况分辨任务的始末。⑤同 Harvey 等的研究，计算性任务，如外派技术支持等，有固定的程序，其他任务程序比较灵活。⑥外派经理完成任务的压力也应视市场和公司情况及责任而定，他们都有着不同程度的压力，其中第 4 例提到压力很大，其他觉得压力还可以。国际外派经理和国内外派异地的总经理独立负责，普遍感觉压力较大，其他类型外派经理压力相对较小。

大部分人认为，适应调整阶段是个笼统的过程，Shrinivas 等所提到的四个阶段是相互渗透的，调整期或阶段性特征明显，但每个阶段时间长短不固定。也有人提到与个人本身经历有关。大部分出现阶段性，但多数为三阶段，只有 1 例（山东）把四个阶段分得相当清楚，认为蜜月期 3 ~ 6 个月，文化震荡期 6 ~ 12 个月，调整期 12 ~ 18 个月（或 24 个月），掌握自如期为之后的时间。一般在适应文化和环境上的调整会多些，主要是对语言、文化的适应，也有提到心情的调整才是关键。我们的这一发现，与 Shrinivas（2004）总结的结论不相符合。一方面，可能由于中国外派经理研究的资料比较少，他们在总结时利用中国的资料比较少；另一方面，可能是由于中国外派经理的特殊文化背景和个性特征使得我国的外派经理适应出现了与西方不一样的特点。这方面有待今后进一步研究论证。

（4）外派绩效管理与支持以及外派能力要求。在外派绩效方面，Caliguiri（1997）认为外派经理成功标准需要分为技术层面的绩效和管理与外派相关的周边绩效。Kraimer 等（2001）认为外派经理自身调节和外派绩效之间关系的研究需要基于心理压力管理方面的研究。2003 年的研究中，其将适应性调整和对当地承诺视为绩效的初级层次，将对母公司承诺、工作绩效和留任意愿作为绩效的第二个层次。并且 3 个 POS（调整、职业生涯和财务 POS）对两层次绩效效标有直接作用，但它们之间的对应关系不同。

经过研究案例发现：外派经理和母公司更看重的是技术和工作层面的绩效，管理与外派相关的周边绩效体现得比较少。在 Kraimer 等提出的绩效层次上，第二层次绩效中对母公司承诺和留任意愿体现得也很少，大部分人没有明确表示自己的意愿，服从母公司的调遣，只有个别人明确表示希望 2 年以后回母公司或者继续留任。

另有些公司在外派经理之后没有对其有明确指标，而且很多外派经理本身也是由于服从公司安排被动外派，其工作的主动性不是很大，因此从母公司和外派经理两个层次来看，对绩效的考核指标不是十分明确，因而成功绩效的考核也很难做到。这个发现与初期的案例研究基本一致，反映出中国公司对外派的绩效考核还未形成详细的规范的操作制度。

我们对外派能力的了解，根据大家提到的频次、能力重要性依次列举如下：语言能力、沟通能力、适应环境的能力、吃苦耐劳的能力、商业敏感性、责任感和职业道德、团队能力、心理承受力和忍耐力、领导能力等。对于 POS（可知觉的组织支持）方面，在案例中发现，外派经理们有良好的愿望，希望公司多予支持，而事实上除了部分公司会给予些驻外补贴、外派津贴外，没有其他支持和职业生涯的规划，大部分公司甚至没有培训。从中我们不难推断出，中国母公司对外派经理的组织支持比较缺乏，还未形成这方面的意识，更谈不上采取有效的措施，从而形成相应的制度。

（5）本部分小结。我们希望在预访谈的基础上，通过这些案例的研究，可以更深入系统地了解外派经理适应性调整策略模式，丰富在中国背景和跨文化背景下，关于外派经理的外派任务和适应调整策略关系的非问卷研究。

第一，在选派外派经理问题上，如何选好外派经理是一个很重要的问题。首先，了解候选人的本质和本性，是否会过河拆桥。其次，要有一定的诚信度。最后，不提倡很广的交际网，但希望能将某地区业务做精。

第二，了解了有关外派经理各个方面的大致情况，包括外派经理的素质和能力要求、选拔外派经理的程序、外派经理的相关问题解决、外派经理的绩效考核、外派经理的成功因素以及外派中存在的问题，为接下来的研究打下了基础。

其中，在娃哈哈集团的外派案例中发现其派总经理有两种方式：①从内部招聘，有些是老板亲自点将；②有些是人力资源部收集候选人选后，由上级选拔。总经理确定后，人力资源部与上级重新安排其他人选。外派经理的权力比在杭州大，控制能力比较高。没有人愿意回来，因为在杭州总部要求较严，而外派在外，老总约束较少。外派经理基本处于不再提升、不再调动的稳定状态。该集团对外派素质要求是，在初期，责任心较强；短期，技术要求较高；长期，管理能力要强。综合能力要求是对公司业务的熟悉和用人能力。而天屹集团的外派经理都是从公司的业务员中选出；从总体来看，凡是在当地扎根的外派经理都能形成良好的关系，本地化适应能力强，业务能力强；对外派经理的考核，一般是分任务进行考核；但是外派出去的经理很少再回来工作的。并且从天屹集团罗经理案例这个过程来看，两个方面的原因导致了外派经理的成功：一是交到好的当地朋友，给予支持；二是自身对技术的熟悉。

第三，在外派调整策略和适应性问题上引起了我们的深思，下面我们将作一次深度访谈来验证案例中出现的情况。

（6）总的研究框架，如图 2-1 所示。

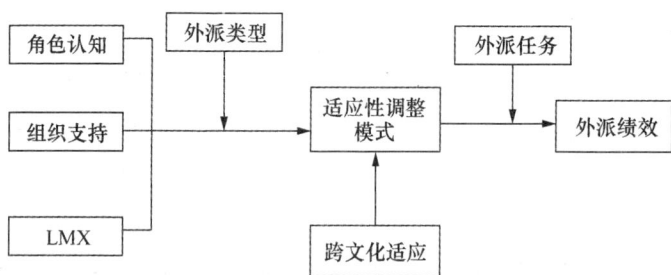

图 2-1 研究框架

通过以上各个案例很好地支持了研究总框架中的几个重要部分。

2.5　外派适应性调整深度访谈

2.5.1　研究方法

本部分结构化访谈主要在前期访谈研究和案例研究的基础上，采用关键事件技术（Flanagan，1954）对多个外派适应调整阶段的难题及其策略进行研究。关键事件是被访谈者认为对工作绩效具有重要影响的成功或不成功事件。关键事件技术是开放式回溯方法，用于了解被访谈者对事件关键特征的感受。关键事件技术访谈得到的资料采用内容分析来总结处理。通常通过访谈或填写表格来获得关键事件，一般有三个阶段要求：首先需要聚焦于对绩效具有显著影响的事件；其次描述事件的发生与发展过程；最后说明某个行为或策略如何使事件成功或不成功完成。虽然关键事件省时省力，但依赖于被访谈者对关键事件的认识和记忆，容易获得较少出现的事件，对日常事件却忽视了。

本研究运用的关键事件访谈主要针对多个阶段情况下的难题收集与策略运用。对外派经理访谈时，需要列举出对外派绩效有重要关联的事件，并且这些事件能够反映出外派经理在适应调整阶段的特征。最后，对应于阶段性，被访谈者被要求提供外派策略对应的适应性难题。

2.5.2　访谈设计

本书经过了预访谈以及案例研究，希望通过访谈法可以聚焦捕捉深一层的信息（访谈法的一个优点），并且由于研究者亲自参与，可以考虑到更多的情景因素。因此，本研究主要采用关键事件法（Flanagan，1954），通过半结构化的深度访谈（in - depth interview）的方法收集关于外派适应调整策略的相关资料，并辅之以相关网址搜寻、现场文档资料收集等方法补充访谈内容；然后，及时将访谈内容整理成 Word 文档；最后，采用内容分析的方法对访谈内容进行分析，以明确外派适应性调整的聚焦情况。

本研究围绕"外派适应调整"问题,设计了如下三类具体题目:

(1)一般信息(GI)。

GI-1:您从哪家企业派到何地?

GI-2:请您简要介绍本地公司的情况(如人员数、上下级、业务情况)。

GI-3:您目前从事的工作主要是什么?

(2)3种调整的难题(AD)。

理论研究上认为异地外派中一般会出现磨合期、震荡适应期和发展掌握期三个阶段。

AD-1:请问在磨合期,您在工作任务、人际关系和异地文化环境适应上有哪些适应上的难题?请举例说明最具有典型性的难题,以及您对应的应对策略。

AD-2:请问在震荡适应期,您在工作任务、人际关系和异地文化环境适应上有哪些适应上的难题?请举例说明最具有典型性的难题,以及您对应的应对策略。

AD-3:请问在发展掌握期,您在工作任务、人际关系和异地文化环境适应上有哪些适应上的难题?请举例说明最具有典型性的难题,以及您对应的应对策略。

(3)适应性调整三阶段中策略运用(AS)。

AS-1:下面有一些应对这3个阶段的适应性难题的策略,首先是文化认同策略,也就是您试图理解当地人的特定习惯、非言语行为。请举例谈一下在哪个阶段较多运用这种策略。

AS-2:第二种是开放心态策略,即提醒自己对新观点、想法与做法保持开放心态。请举例谈一下在哪个阶段较多运用这种策略。

AS-3:第三种是外向策略,即积极参与当地活动,按当地人的方式或习惯生活、做事。请举例谈一下在哪个阶段较多运用这种策略。

AS-4:第四种是稳定情绪策略,即遇到不能解决的情况稳住情绪,保持乐观心态。请举例谈一下在哪个阶段较多运用这种策略。

AS-5:第五种是承担挑战策略,即在风险条件下承担有难度的工作。请举例谈一下在哪个阶段较多运用这种策略。

AS-6:第六种是行动导向策略,即遇到困难,从提出想法和行动方案出发,解决难题,而不是避免问题出现。请举例谈一下在哪个阶段较多运用这种策略。

AS-7:第七种是灵活调整策略,即尝试新想法和采取不同于以往的措施解决工作难题。请举例谈一下在哪个阶段较多运用这种策略。

AS-8：第八种是坚持策略，即在异地持续努力，哪怕当时情境中只有您一个人，没有其他方面支持。请举例谈一下在哪个阶段较多运用这种策略。

AS-9：第九种是承诺策略，即作为派出公司代表，工作上表现出派出公司价值观、文化和利益考虑。请举例谈一下在哪个阶段较多运用这种策略。

第一类题目的目的是获取外派经理的一般信息；第二类题目是希望获取有关外派经理在适应三阶段中工作任务、人际关系和异地文化环境适应上难题的信息，以及有关外派经理在这三阶段中所采用的策略；第三类题目是想了解具体调试策略会应用在哪些适应阶段，其中相关的策略是我们根据前面的预访谈和案例提出的。

我们以上述问题为主线，结合具体情况，适当追问访谈对象，必要时与他们进行讨论。时间一般控制在 1～2 小时。这样通过深度访谈，我们进一步了解了外派适应性调整，获得了第一手的深层次的相关资料。

2.5.3　访谈对象

鉴于可能存在由地区差异、行业差异和企业性质差异而引起不同的适应性问题和适应性调整，本次深度访谈在取样上尽可能覆盖全面，先后对派往浙江、山西、广东、深圳、上海、山东等省（市）的不同地区以及越南、美国等几个国家的国有、民营、股份制等企业共计 14 家企业中（有些公司会外派几个经理）19 位外派经理进行访谈。企业涉及金融、电力、机械、服装、纺织、通信、IT、制药、物流等不同行业。各个外派经理都认真参与了这次深度访谈。

具体访谈企业背景详细情况见表 2-1。

表 2-1　外派适应性访谈公司基本情况

企业名称	母公司所在地	子公司所在地	子公司所属行业	公司性质
浙江金融租赁股份公司	杭州	宁波	金融	国有转制为民营
明天控股有限公司	北京	美国	IT	民营
浙江现代	杭州	山东	物流	民营
万向集团	杭州	美国	机械	股份制

企业名称	母公司所在地	子公司所在地	子公司所属行业	公司性质
利君制药	西安	上海	制药	股份制
浙江杭钻机械制造股份有限公司	杭州	越南	电力	股份制
万事利集团股份有限公司	杭州	香港	服装	民营
中兴通讯股份有限公司	深圳	南京	通讯研发	股份制
中国铁建三局	太原	杭州	工程服务	国有
中国铁建十七局	太原	杭州	工程服务	国有
山西安特生物制药有限公司	太原	杭州	医药	民营
山西焦煤（集团）股份有限公司	太原	杭州	煤炭	股份制
华立股份有限公司	杭州	美国	通信	股份制
万向西部开发有限公司	杭州	西安	机械	股份制

注：本表排名不分先后。

2.5.4 访谈资料分析

（1）访谈资料分析方法。本研究采用内容分析（content analysis）技术对深度访谈获取的资料进行了分析。内容分析是定量研究和定性研究结合的方法或技术，它使研究者从文本材料中通过一套技术和程序来得到推论性的结论（Fountain，1999）。内容分析方法不断吸收当代科学发展的成果，用系统论、信息论、符号学、语义学、统计学等新兴学科的成果充实自己，广泛用于传播学、政治学、社会学、心理学和管理学等多学科的研究领域（吴世忠，1991；Morris，1994）。内容分析在社会科学领域的优势在于从文本或话语等原始资料开始，采用定性和定量方法来提出丰富、系统、有效和可靠的研究结论，与其他方法相比较少带来误差（Weber，1985），本访谈研究的关键事件法就是其中的一个分支。后来内容分析方法演化为一种更为理论性的方法。根据 Weber（1990）的界定，内容分析是一种定性研究技术，它运用一套程序对信息进行分类以能够得出有效推论（Morris，1994）。这一界定更加强调内容分析的定性研究本质和整个分析过程的程序性。目前内容分析方法根据不同的标准有不同的分类。

根据分析的手段及过程特征，可以将内容分析技术分为三大类：一为解读式内容分析法（hermeneutic content analysis），源于人类学研究，指通过精读、理解并解释文本内容，从整体和更高层次上把握文本内容的复杂背景和思想结构，从而发掘文本内容的真正意义。二为实证式内容分析法（empirical content analysis），包括定量内容分析法（quantitative content analysis）和定性内容分析法（qualitative content analysis）。定量分析法将文本内容划分为特定类目，计算每类内容元素出现的频率，描述明显的内容特征。定性内容分析法则指对文本中各概念要素之间的联系及组织结构进行描述和推理性分析。三为计算机辅助内容分析法（computer‑aided content analysis），指借助计算机，运用内容分析软件进行内容分析的方法（邱均平、邹菲，2003）。根据分析对象的特征也可以将内容分析分为三类：①实用内容分析（pragmatic content analysis），即对文字符号进行统计分析以推究特定信息出现的原因和可能的后果；②语义内容分析（semantic content analysis），即以文字符号所含的信息意义为分析单元，对反映特定内容的文字符号作统计分析；③符号载体分析（sign‑media analysis），即以文字的出现频率为统计归类的基本单元进行内容分析（吴世忠，1991）。另外，内容分析虽然具有很大的灵活性，但存在潜在的偏差，如数据收集、抽样、分析与解释等，研究者需要具备专业知识和细致采用分析标准（Fountain，1999）。

在管理研究中，主要将内容分析方法用于从管理者的情境信息中推出有效结论。19 世纪 70 年代后期，内容分析逐渐用于组织研究和战略管理研究领域。Pearce 和 David（1987）运用内容分析技术研究了公司宗旨成分与其财务绩效间的关系；D'Aveni 和 MacMillan（1990）运用内容分析方法对公司年报进行分析，对比了管理者对环境因素的关注。早在 1989 年，Marino、Castaldi 和 Dollinger 就以创业企业"初始公共支出"研究为案例强调了内容分析技术在创业研究中的作用。Chan、Lau 和 Man（1997）也采用内容分析技术对深度访谈获取的关键事件材料进行分析，继而得出香港小企业的创业个性特征。可见，内容分析方法已用于管理研究的各个领域，是一种研究管理问题的有效方法。但对内容分析或关键事件分析需要注意三个问题：首先在效度方面，事件是否是所研究行为的有代表性的样本？其次是数据收集方法是否影响数据来源；最后是信度问题，不同编码者能否得到稳定的分类体系（Fountain，1999）。

本研究根据研究需要，建立了类目尺度的量化分析系统。采用定量的语义内容分析方法，以预先建立的调试阶段、策略类别为依据，以每个问题为最小分析单元，对访谈获取的 19 份相关访谈资料进行分析，最后做出阶段和策略的归类。例如，下面的段落就是一个外派经理适应性阶段中"AD－2：请问在震荡适应期，您在工作任务、人际关系和异地文化环境适应上有哪些适应上的难题？请举例说明最具有典型性的难题，以及您对应的应对策略。"的访谈材料，以此段为分析单元，对外派经理适应阶段中任务、人际适应分析出现问题的种类以及相应的策略等。

　　任务适应：发现一些决策、目标中的问题，相互之间了解多，新鲜感没了，双方的戒备少了，最大的难题是绩效降低，工作态度降低，管理难度提高。相应采取的策略：①始终抓业务学习，提高自己的理论水平，开阔视野和实际操作能力，如在浙大办了个学习班（管理学院）学习 2 年，请管理老师和国外咨询机构来讲课，灌输理念，提高素质，从而统一思想。使大家认识到自己的工作属于经济管理专业，要求素质较高。②给职工解决思想上和解决实际中的困难，包括进行革命传统教育，参观、学习和进行社会慈善捐款，帮扶落后地区的学生，使大家珍惜现在的工作机会。从中层干部到职工都有交通、住房补贴，并解决车（公司买的自己开）和住房问题。

　　人际交往：社交方面比较广，公司内交往不广，除不能避免的交往外，其他人不交往，不像第一阶段想了解情况任何人都交往。交际的选择性，感觉老是不痛快，一直不怎么舒服，这有两方面的因素：一是内部，二是外部。内部效率低，积极性不高，外部主要与全国金融机构、监管部门打交道，关系要巩固、建立。建立新的外界业务关系比较困难（主要是省级银行），重要的是推荐自己。外来经理与当地企业内部人员相互之间都有戒备心理，接受需要一个过程。

　　基于上述材料，我们根据拟定的分析目标得出了震荡适应期中相应的外派适应过程中出现的问题以及所采用的策略。本研究采用了较常用的 3 人编码方案，选择了 1 名企业管理专业博士后、1 名企业管理专业博士、1 名应用心理学（管理方向）专业博士生进行编码。在编码前，对编码人员进行了培训，并进行了预编码。

（2）访谈资料内容分析结果。我们从各位访谈者在外派适应调整中对适应性和策略的描述详细程度、难题解决的容易程度、解决难题中采取的策略合适度和策略数量、解决难题的全面性和关键点把握度、机会寻求和被动反应等方面进行分析。

根据 Perreault 和 Leigh（1989）、Kolbe 和 Burnett（1991）以及李本乾（2000）等的观点，内容分析的信度一般可以通过计算编码者的一致性程度得出；并且内容分析中的编码一致性程度在 0.80 以上为可接受水平，在 0.90 以上为较好水平（Insch 等，1997；Bos 和 Tarnai，1999；Ormerod，2000）。本研究中编码者的一致性程度都在 0.80 以上，具有可接受的信度水平。编码者的一致性程度具体见表 2 - 2。

表 2 - 2　编码者的一致性程度

编码题目	编码者的一致性程度
描述详细程度	0.91
难题解决的容易程度	0.95
解决难题中采取的策略合适度	0.88
解决难题中采取的策略数量	1.00
解决难题的全面性	0.91
解决难题的关键点把握度	0.91
机会寻求	0.91
被动反应	0.88

我们根据编码又把适应问题具体展开，结果如下：

其一，共计 19 例的外派经理都认为在外派适应调整中会出现磨合期、震荡适应期和发展掌握期三个阶段。在第一个阶段的磨合期，外派者充满好奇，与以往工作情境进行比较来寻找共同点，忽视不良方面；在第二个阶段的震荡适应期，外派者兴趣减弱，看到了适应差异性的困难，感受到工作和生活的压力，绩效较低；在第三个阶段的发展掌握期，外派经理压力减少，感觉到适应新情境的能力提升，工作绩效与外派前基本一致。不同的人对于每个时期的持续时间略有不同。

其二，外派经理从磨合期到发展掌握期，问题关注由对人和对当地文化适应到关注企业其他问题，如资金技术问题等。

其三，外派经理从磨合期到发展掌握期，每个阶段都有不同的挑战，由原先处于被动地位逐渐体现出个人主动性，不断寻求机会，提升自我和拓展事业。

其四，外派经理在磨合期，认为个人调节能力很重要。为适应磨合期，他们往往采取观察学习、个人调节、沟通、融入的策略，有的甚至运用强制权力来解决与当地的冲突。

外派经理在震荡适应期，认为个人心理素质相当重要。为适应震荡期，他们往往采取学习、培训、资金补助、任务导向以及怎样多从团队中获得信息的策略。

外派经理在发展掌握期之后，对于当地文化的适应性基本存在较小的问题，压力逐渐由当地的适应问题转向组织支持问题。很多不能改变的也习惯着去接受。他们认为这个时候，个人主动性相对比较重要了。一般为了公司的前景，他们往往会采取进一步培训、把握商机、开拓事业等策略。

其五，文化认同、开放心态、外向、稳定情绪、承担挑战、行动导向、灵活调整、坚持、承诺等策略在不同阶段运用情况也不一样，具体描述性统计见表2-3。

表2-3　不同策略在不同阶段运用情况　　　　　　　　　单位:%

不同策略的运用	磨合期	震荡适应期	发展掌握期
文化认同策略	57.1	28.6	14.3
开放心态策略	28.6	35.7	35.7
外向策略	36.7	46.0	33.3
稳定情绪策略	16.7	66.7	16.7
承担挑战策略	31.1	35.6	33.3
行动导向策略	21.1	55.6	33.3
灵活调整策略	16.7	50.0	33.3
坚持策略	18.2	45.5	66.3
承诺策略	30.0	30.0	50.0

其中，文化认同策略是指外派经理试图理解当地人的特定习惯、非言语行为。开放心态策略，即提醒自己对新观点、想法与做法保持开放心态。外向策略，即积极参与当地活动，按当地人的方式或习惯生活、做事。稳定情绪策略，即遇到不能解决的情况稳住情绪，保持乐观心态。承担挑战策略，即在风险条件下承担有难度的工作。行动导向策略，即遇到困难，从提出想法和行动方案出发，解决难题，而不是避免问题出现。灵活调整策略，即尝试新想法和采取不同于以往的措施解决工作难题。坚持策略，即在异地持续努力，哪怕当时情境中只有你一个人，没有其他方面支持。承诺策略，即作为派出公司代表，工作上表现出派出公司价值观、文化和利益考虑。

（3）结论。本研究通过对跨地区、跨行业、跨所有制的不同企业的外派经理进行深度访谈，并分析了外派适应性调整。研究发现外派适应调整中可分为磨合期、震荡适应期和发展掌握期三个阶段。并且在这三个阶段表现出不同的适应难题和挑战，同时外派经理运用不同的策略应对，由原先处于被动地位逐渐体现出个人主动性，不断寻求机会。外派经理在磨合期，认为个人调节能力很重要；在震荡适应期，认为个人心理素质相当重要；在发展掌握期后，认为个人主动性相对比较重要。根据预访谈和案例研究以及结合前人文献提出的文化认同、开放心态、外向、稳定情绪、承担挑战、行动导向、灵活调整、坚持、承诺等策略呈现阶段性，在不同阶段具有不同趋势。鉴于样本量限制（19 名被访谈者），因此还需要在后续研究中进一步说明策略的阶段性特征。

另外，通过对于国有企业和民营企业外派经理的访谈内容进行比较发现，民营企业的外派经理的适应调整在阶段性时间上更短，主要是适应工作任务和跨文化适应。国有企业或大规模股份制企业的外派经理的外派适应调整主要在跨文化适应、人际适应和家庭生活适应等方面，适应中运用策略的阶段性较民营企业的外派经理更弱。这可能与民营企业外派经理较多将外派工作视为异地创业过程，在长期处于不确定工作条件下，感受到更大的工作压力和适应要求。因此，对适应调整更为敏感，付出更多的适应调整努力；而国有企业或股份制企业的外派经理在工作中能够得到更多的组织支持，工作上能获得更多的配套支持，所以适应调整主要是面对人际关系、跨文化适应等问题。并且国有企业的外派经理更多地从事与派出时相似的工作任务，需要做出的调整范围较小。

第 3 章　外派经理心理契约期望
匹配与适应绩效研究

3.1　引　言

公司不断增加外派管理人员到海外（Gupta 和 Govindarajan, 2000），对公司而言是一笔不小的花费。但是很多研究表明，外派回国的员工中，有近 1/3 在回国 2 年内便选择离职。如何留住外派员工，不浪费公司的投资，成为重要的课题。同样，也有很多事实显示，当外派员工很欣喜地完成公司外派任务回国后，公司并没有很好地重视他、培养他，让他认为外派在外简直是浪费时间，对职业生涯没有一点好处。

由于一个公司重要投资成功与否，往往决定于那些国际外派项目是否成功，因此，国际外派项目对于公司的全面战略是很重要的。

3.2　研究目的和研究假设

我们通过 4 个结构关系，提出了 4 个假设，并建立了结构方程，从而分别对它们的效度进行验证。并且在这些情况下提出外派绩效模型。该模型的 4 个关系：个体关系期望、个体交易期望、组织关系期望、组织交易期望，分别组成相互忠诚型、代理机会型、组织机会型以及相互交易型。根据这 4 个关系形成一个矩阵，如表 3-1 所示。

表 3-1　国际外派项目中的四种可能关系

组织 ＼ 个人	合作关系	交易关系
合作关系	相互忠诚	代理机会（外派经理投机）
交易关系	组织机会（外派组织投机）	相互交易

我们根据个人执行工作、学习掌握技术、工作满意感、其职业的可持续发展情况，是否参加有吸引力的外派项目、是否升职、职责增加等，组织是否完成公司项目、达到公司的关键目标，以及返回人员的留存、利用新的专业知识、专业知识的共享等情况进行综合考虑，借助职业发展理论和相互忠诚关系与投机交易关系的结构来讨论个人与组织对项目期望不同程度上的匹配对于跨国项目运作的影响。以此提出 4 个假设如下：

假设 1：在一项国际外派项目中，当双方（指组织和个人）都认为符合相互忠诚假设时，同时符合组织关系期望和个人关系期望时，组织和个人可能都在外派中取得很大的成功。

假设 2：在一项国际外派项目中，当组织认为双方符合相互忠诚假设而个人认为只是代理机会关系时，即符合组织关系期望和个人交易期望时，组织可能在外派中取得一般的成功，而个人可能在外派中很成功。

假设 3：在一项国际外派项目中，当组织认为是组织机会假设而个人认为是相互忠诚假设时，即符合组织交易期望和个人关系期望时，组织和个人可能在外派中取得一般的成功。

假设 4：在一项国际委任项目中，当双方都认为是投机交易行为假设时，即符合个体交易期望和组织交易期望时，组织和个人在外派中都可能获得一般性的成功。

同时，我们还想探讨在一项国际委任项目中，组织或个人的期望匹配与否，对于个人绩效模型的不同的影响。我们的模型融入了心理契约关系，同时也想讨论心理契约随时间发生改变的情况，并将讨论几种促使契约改变的可能因素。

3.3 研究方法

3.3.1 研究对象

本研究被试是来自不同国家、多种行业的跨国公司，行业涉及通信、医疗卫生、贸易、公共服务、电子等 8 个方面。发放问卷 200 份，收集有效问卷共 128 份，回收效率为 64%。其中被试以男性为主，分为从外国派入中国境内的外派经理以及从中国派往国外的外派经理两组样本并加以综合考虑。所有被试年龄分布在 25~50 岁之间，职务为各部门经理或总经理，其学历均在本科以上。

3.3.2 研究工具

本研究在进行专题访谈和查阅各种同类文献的基础上，采用自编问卷进行调查。Robinson、Kraatz 和 Rousseau（1994）的实证研究显示，员工认为组织的义务主要归结为以下几个方面：内容丰富的工作、公平的报酬、成长和晋升的机会、充分的工具和资源、支持性的工作环境和有吸引力的福利。我们在问卷编制上，加入了公司对员工福利、补贴考虑，工作决策程度和灵活性，培训与晋升机会，工作的丰富性，对工作的支持等方面，比如"公司为了您适应外派而对您进行培训"，"公司让您参与决策"，"公司为您返回后提供发展机会"，以及"公司为您的个人福利着想"等题目。Robinson（1994）等认为，员工认为他们的义务主要集中在 8 个方面：对组织忠诚、加班工作、自愿做分外工作、接受工作调动、拒绝支持竞争对手、为组织保密、离职前提前告知以及留职等。因此，我们在设计问卷中加入了忠诚与自愿工作，留职意愿，保密，接受工作变动，以及为公司利益考虑等内容，比如"为公司发展提供合理有效的意见"，"保守公司秘密"，"自愿接受公司外派"，以及"承担公司额外分配的加班任务"等题目。另外，我们还编制了英文版问卷，用于不同母语的外派人员的调查。

（1）专题访谈。在问卷设计之前，我们对部分在杭多种行业的跨国公司外派经理进行专题访谈。访谈的内容主要涉及：①您对外派工作的期望主要有哪些？②您认为公司对您外派过程中应尽的义务有哪些？③您认为您在外派过程中应尽的义务有哪些？④哪些重要因素影响您现在的工作？⑤在外派过程中的绩效考核是怎样的？⑥您认为怎么样才算本次外派成功？

（2）问卷设计。根据上述访谈的结果，并查阅各种同类文献，我们设计了本研究的问卷。问卷包括三个部分：

第一部分是有关外派经理基本信息的收集，如年龄、性别、外派期限、所在行业等。

第二部分是有关外派经理和外派组织的期望以及主观风险度的测定，主要是外派经理和外派组织心理契约度的衡量，借助职业发展理论和相互忠诚关系与投机交易关系的结构来讨论个人与组织对项目期望不同程度上的匹配对于跨国项目运作的影响。

第三部分是了解外派项目是否成功的主观推断，了解在外派过程中的绩效情况。主要根据个人执行工作、学习掌握技术、工作满意感、其职业的可持续发展情况，是否参加有吸引力的外派项目，是否升职、职责增加等，组织是否完成公司项目、达到公司的关键目标，以及返回人员的留存、利用新的专业知识、专业知识的共享等情况进行综合考虑。

问卷第一部分为填空式，后三部分采用五点量表式。经分析，本问卷的第二、第三部分 α 系数分别为 0.91、0.74，显示出良好的内部一致性信度。经专家评判，问卷具有较好的内容效度。

3.4　结果分析

3.4.1　外派绩效模型

在有关外派绩效问卷中，我们经过因素分析，提取出 4 个因素：个人内部成长、个人职业发展、组织业务拓展、组织社会形象。因素分析如表 3 - 2 所示。

表 3 - 2　外派绩效因素分析

因素荷重	F₁	F₂	F₃	F₄
因素一　个人内部成长 α = 0.87				
11. you feel satisfied3	0.53	0.14	0.36	0.06
12. meaningful to your future development	0.81	0.17	0.15	0.13
13. get more attracting projects	0.84	0.01	0.09	0.01
14. capacity of adapting different culture improved	0.73	0.09	0.10	0.03
15. get promotion in future	0.81	0.20	0.07	0.04
16. more valued in company	0.79	0.01	0.08	0.03
因素二　个人职业发展 α = 0.72				
2. company offers you foreign assignment in purpose of its own benefit for short	0.03	0.54	0.03	0.16
5. the company completes its project	0.00	0.66	0.22	0.03
9. accomplish the company plan well	0.07	0.52	0.01	0.09
10. you master more skills	0.26	0.76	0.16	0.24
因素三　组织业务拓展 α = 0.77				
3. company intends to expanse business in this district	0.13	0.20	0.79	0.05
4. company reach its objectives set before	0.01	0.03	0.63	0.16
17. finishforeign assignment as early as possible	0.05	0.08	0.65	0.18
18. wish back to mother – company a little earlier	0.18	0.08	0.53	0.07
19. stay at the foreign company until expatriation over	0.05	0.05	0.70	0.07
因素四　组织社会形象 α = 0.84				
1. the company gets support and cooperation	0.00	0.04	0.02	0.54
6. the company cultivates some elites in it	0.11	0.02	0.18	0.66
7. company' s image becomes better	0.19	0.00	0.08	0.52
8. company gets its knowledge renewed	0.11	0.25	0.16	0.76

　　下面验证绩效模型。个人内在成长和个人职业成功以及个人职业成功和组织业务拓展呈负相关，其余为正相关。模型拟合显著水平达到 0.01，RMSEA 小于 0.1，说明模型拟合较好。如图 3 - 1 和表 3 - 3 所示。

因素间的负重的估计如下：

个人内在成长 < > 个人职业发展 　　−0.08

个人职业发展 < > 组织业务拓展 　　−0.16

组织业务拓展 < > 组织社会形象 　　0.22

个人职业发展 < > 组织社会形象 　　0.12

个人内在成长 < > 组织业务拓展 　　0.32

个人内在成长 < > 组织社会形象 　　0.42

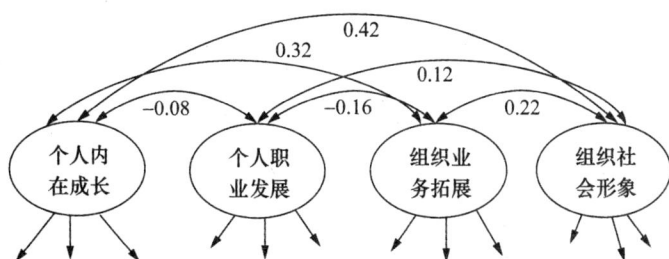

图 3 − 1 　外派绩效模型

表 3 − 3 　模型拟合指数

	χ^2	df	P	TLI	CFI	RMSEA
模型	124.70	73	0.00	0.85	0.88	0.08

个人职业成功与组织业务拓展出现负相关，说明外派过程中个人目标与组织目标在某些情况下不一致。但总体来说，个人内在成长和组织业务拓展与社会形象出现较高相关，表明外派经理在完成组织绩效中个体获得较好的满意度、投入外派任务和能力提升。但组织对外派经理的人力资源管理通常不能关注派出后的培训与激励措施，在职业生涯方面的考虑很少（Black，1991）。

3.4.2　期望匹配程度与绩效关系

我们对期望匹配程度与绩效进行关系分析，发现不同的期望匹配对不同的绩效有关系，而且相关性也不一样。其中，当个人期望匹配，即公司实际情况和个人期望相符合时，与绩效模型中的个人内在成长、组织业务拓展、组织社会形象有相关，并且与个人内在成长、组织社会形象的相关大于0.6。而与个人职业发展的关系没有进入模型。当组织期望匹配，即个人实际情况和组织期望符合时，与绩效模型中的个人职业发展有相关，且与组织业务拓展有负相关。

模型拟合显著水平达到0.01，RMSEA小于0.1，说明模型拟合较好。如图3－2和表3－4所示。

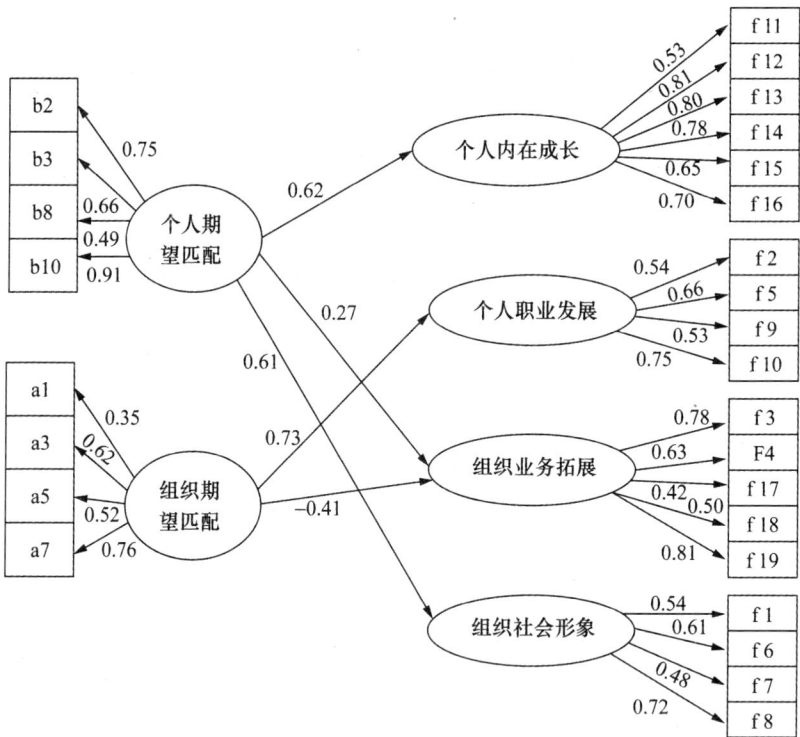

图3－2　期望匹配与绩效模型

表3－4　模型拟合指数

	χ^2	df	P	TLI	CFI	RMSEA
模型	386.41	208	0.00	0.80	0.82	0.08

3.4.3　个体—组织期望的不同组合模式对外派成功的影响

根据前面的测量结果，个体对组织的期望得到两个因素：关系型期望和交易型期望，组织对个体的期望也得到两个因素：组织关系型期望和交易型期望。如图 3 - 3 所示，模型拟合情况如表 3 - 5 所示。

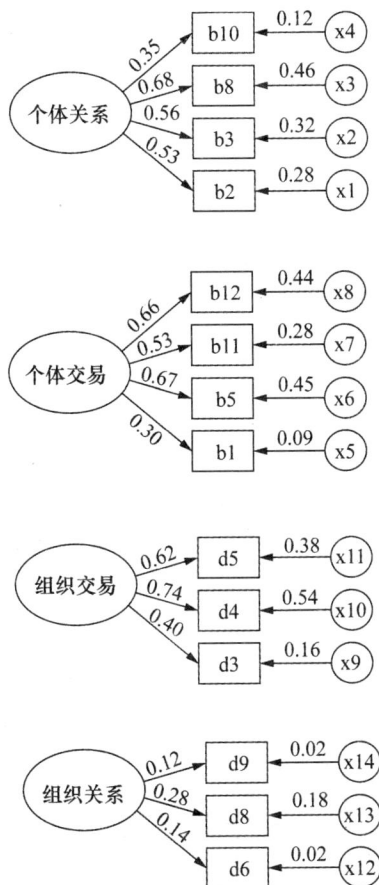

图 3 - 3　不同模式因素分析

注：Robinson、Kraatz 和 Rousseau（1994）对组织和雇员的义务关系进行了分析以后，发现了两个共同因素：交易因素和关系因素。在此，我们从个人和组织两方面对这两个类似的因素进行命名，称为个体关系、个体交易、组织关系和组织交易。

表3-5 模型拟合指数

	χ^2	df	P	TLI	CFI	RMSEA
模型	203.29	77	0.00	0.96	0.97	0.09

根据各个测量指标在对应因素上面的因素荷重，对各测量指标加权组合成相应的因素分数，分别为个体关系期望、个体交易期望、组织关系期望、组织交易期望。根据 Yan、Zhu 与 Hall（2002）的理论模型，运用逻辑运算得到四种情况组合模式：相互忠诚型、代理机会型、组织机会型以及相互交易型，如图3-4所示。

图3-4 期望关系

不同组合模式中的人数如图3-5所示。

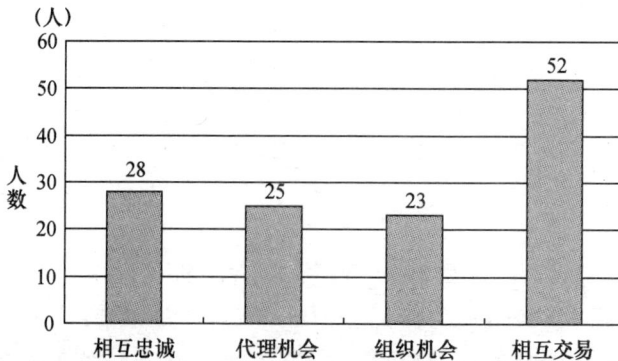

图3-5 不同组合模式中的人数

被试的外派绩效水平根据结构方程分析的结果，按照荷重加权，得出 4 种绩效分数。以不同的绩效类型为因变量，采用 MANOVA 分析不同组合模式下的绩效类型，结果如表 3 - 6 所示。

表 3 - 6　不同组合模式下的绩效方差分析表

来源	因变量	平方和	自由度	均方	F 值	Sig.
截距	组织业务拓展	8.12	1	8.12	14.66	0.00 **
	组织社会形象	4.04	1	4.04	24.31	0.00 **
	个人职业发展	21.57	1	21.57	34.24	0.00 **
	个人内在成长	2.16	1	2.16	16.81	0.00 **
个体关系	组织业务拓展	0.07	1	0.07	0.12	0.73
	组织社会形象	1.39	1	1.39	8.35	0.01 **
	个人职业发展	1.36	1	1.36	2.15	0.15
	个人内在成长	0.54	1	0.54	4.24	0.04 *
组织关系	组织业务拓展	1.68	1	1.68	3.02	0.09
	组织社会形象	0.01	1	0.01	0.04	0.84
	个人职业发展	1.74	1	1.74	2.77	0.10
	个人内在成长	0.24	1	0.24	1.88	0.17
个体交易	组织业务拓展	0.57	1	0.57	1.03	0.31
	组织社会形象	1.16	1	1.16	7.01	0.01 **
	个人职业发展	0.25	1	0.25	0.40	0.53
	个人内在成长	1.25	1	1.25	9.77	0.00 **
组织交易	组织业务拓展	4.48	1	4.48	8.09	0.01 **
	组织社会形象	0.00	1	0.00	0.01	0.93
	个人职业发展	0.00	1	0.00	0.01	0.94
	个人内在成长	0.49	1	0.49	3.79	0.05 *
误差	组织业务拓展	68.16	123	0.55		
	组织社会形象	20.41	123	0.17		
	个人职业发展	77.47	123	0.63		
	个人内在成长	15.77	123	0.13		
总变异	组织业务拓展	668.13	128			
	组织社会形象	486.22	128			
	个人职业发展	769.50	128			
	个人内在成长	476.29	128			

注：* 表示在 0.05 水平下显著，** 表示在 0.01 水平下显著。

由表 3-6 可以看出,不同组合模式的绩效水平有差异,且因组合模式水平的不同,差异性不同。在不同组织与个人关系模式(即不同组合模式)下,外派组织业务拓展、组织社会形象、个人内在成长呈现显著性差异。

我们对于不同的组合模式进行检验,发现组合模式间差异显著。结果如表 3-7 所示。

表 3-7　不同的组织模式差异检验表

来源	平方和	自由度	均方	F 值	Sig.
组合模式	11.16	3	3.39	5.66	0.03 *
误差项	73.14	124	0.59		

注:* 表示在 0.05 水平下显著。

不同的绩效类型水平有显著差异,外派更加关注组织业务拓展和个人职业发展,而组织社会形象和个人内在成长关注较少,结果如图 3-6 所示。

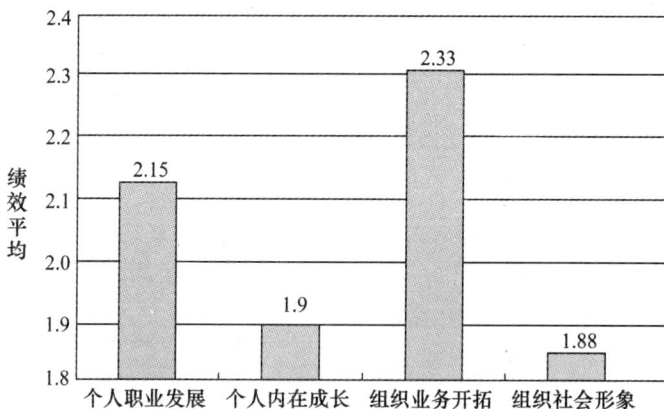

图 3-6　不同绩效模式下的绩效水平统计

我们对相互忠诚、代理机会、组织机会和相互交易等不同情况下的绩效进行考查,结果如图 3-7 至图 3-10 所示。图 3-7 为以组织业务拓展为因变量的直条图。

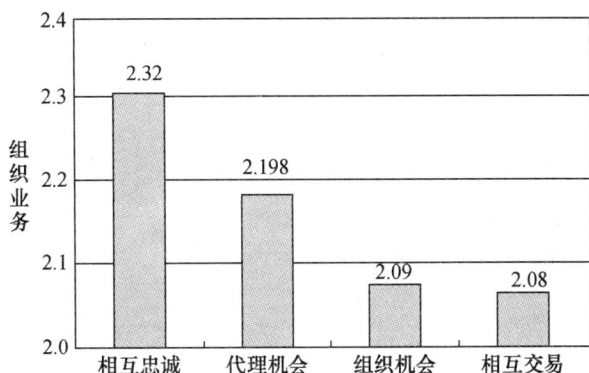

图 3 - 7　不同组合模式与组织业务拓展关系

表明对于组织业务拓展水平，不同的组织模式有显著差异。在相互忠诚情况下，组织与个人相互忠诚能够取得较高的业务过程绩效；而组织机会和相互交易型的关系对组织业务贡献不大。另外，个人表现交易行为，组织表现忠诚时，即代理模式下，组织业务拓展程度为中等。

图 3 - 8 为以组织社会形象为因变量的直条图。

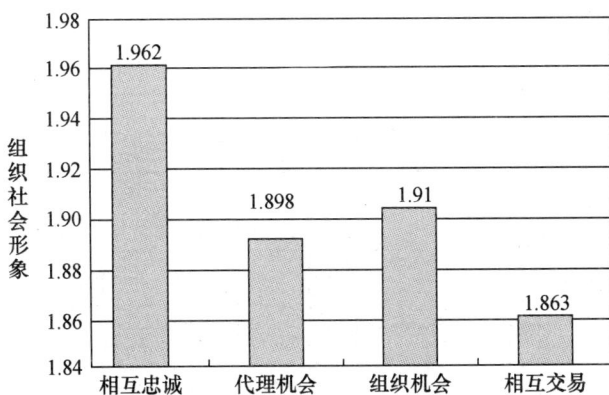

图 3 - 8　不同组合模式与组织社会形象关系

在不同组织与个人关系模式下，组织社会形象呈现较大差异。在相互忠诚情况下，组织与个人相互忠诚能够取得较高的组织社会形象，组织表现出交易关系时（即组织机会和相互交易），较难提高组织社会形象。

图 3-9 为以个人职业发展为因变量的直条图。

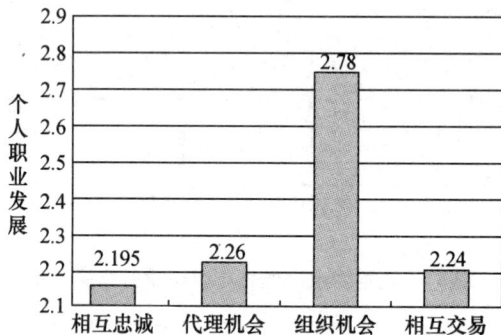

图 3-9　不同组合模式与个人职业关系

在不同组织与个人关系模式下，外派个人职业发展呈现较大差异。在相互忠诚、代理机会和相互交易的情况下，个人职业发展不明显。而个人关系型和组织机会型构成的组织机会模式能带来较高的个人职业发展绩效。

图 3-10 为以个人内在成长为因变量的直条图。

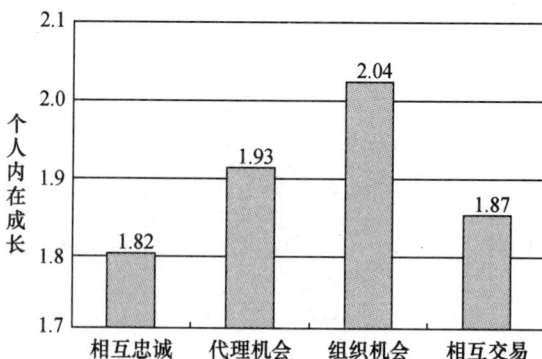

图 3-10　不同组合模式与个人内在成长关系

在不同组织与个人关系模式下，外派经理个人内在关系呈现较大差异。组织对个人和个人对组织的关系出现差异时，能带来外派经理个体内在成长。如果两者关系一致时，个体内部成长绩效较低。总体看来，当组合模式为相互忠诚时，组织绩效水平更高；当组合模式为组织机会时，个体发展与内在成长的绩效水平会更高。

3.5 讨 论

3.5.1 有关外派绩效模型的探讨

在外派绩效模型中，我们经过因素分析，提取出四个因素：个人内部成长、个人职业发展、组织业务拓展、组织社会形象。我们又很好地验证了四因素模型，分别包括个人内在成长、个人职业发展、组织业务拓展和组织社会形象。其中相互的关系可以看出个人内在成长和组织业务拓展以及组织社会形象都有一定的相关，但是个人职业发展和组织业务拓展以及组织社会形象的相关则要小得多。这与实际情况有一定的相符性。

我们在访谈中也发现外派经理一般是从公司总部的中层管理人员中选拔产生的，他们被外派后工资会相对前职上涨，并且有更大的自由度。但是这些外派经理如要返回，或者在以后的道路上职业更加成功，有点困难，因为在总部少有更合适的位置等待他们。所以对于个人内在成长来说，是不断地随着组织任务的完成在成长，也就与组织业务拓展以及组织社会形象都有一定的相关。而个人职业发展，大家的评判标准也不同，再加上现实中的种种困难，就表现出与组织业务拓展以及组织社会形象的相关则要小得多。或许个人职业是否成功有赖于其个人本身的素质。

3.5.2 期望匹配程度与绩效关系的探讨

在结果中，我们发现不同的期望匹配对不同的绩效有关系，而且相关性也不一样。其中，当个人期望匹配，即公司实际情况和个人期望相符合时，与绩效模型中的个人内在成长、组织业务拓展、组织社会形象相关，并且与个人内在成长、组织社会形象的相关大于0.6。而与个人职业发展的关系没有进入模型。当组织期望匹配，即个人实际情况和组织期望符合时，与绩效模型中的个人职业发展相关，且与组织业务拓展是负相关。

当公司实际情况和个人期望相符合时，组织对于个人来说是一个很好的平台，它在最大限度上帮助个人内在成长，而个人职业发展成功与否的相关就会比较小。这时，对于组织来说，也会有很好的社会形象，是很多人所向往的公司。至于组织业务拓展与个人期望匹配由于人的积极性的加入有一定相关，但相关不大，主要还是看公司实际情况与市场的关系。

当个人实际情况和组织期望符合时，对组织来说求之不得。一方面，会使组织在外派经理心目中的社会形象大增，同样组织也成了很多人所向往的公司；另一方面，对于个人来说，他们只是按照组织的期望行事，本身的个人积极性和灵活性相对小多了，加上外派机构远离总部，受束缚小，竞争也小，这样反而影响了组织业务拓展，同样对于自身的个人内在成长和个人职业发展也都没有什么太大关系。

3.5.3 个体—组织期望的不同组合模式对外派成功的影响

我们根据个体—组织期望的不同关系分别组成相互忠诚型、代理机会型、组织机会型以及相互交易型4种组合模式。并且在不同组合模式中的人数，以相互交易者最多。从总体来看，当组合模式为相互忠诚时，组织绩效水平更高；当组合模式为组织机会时，个体发展与内在成长的绩效水平会更高。而相互交易关系时，绩效相对较低。不同组合模式的绩效水平有差异，且因组合模式水平的不同，差异性不同。在不同组织与个人关系模式（即不同组合模式）下，外派组织业务拓展、组织社会形象、个人内在成长呈现显著性差异。不同的组织模式间也有显著性差异。

根据上面结果以及图3-7至图3-10所示，在一定程度上验证了部分假设。对于假设一，根据结果也发现在一项国际外派项目中，当双方（指组织和个人）都认为符合相互忠诚假设时，组织绩效水平更高，但个人绩效水平并不太高，说明组织在外派中取得很大的成功。对个人是否成功，由于评判标准不同在本书很难确切验证，我们只能说个人可能取得一般的成功。

对于假设二，根据结果发现在一项国际外派项目中，当组织认为双方符合相互忠诚假设而个人认为只是代理机会关系时，即符合组织关系期望时，个人内在成长和组织业务拓展水平都较高，组织社会形象水平和个人职业成功也不低，组织和个人在外派中都比较成功。

对于假设三，根据结果发现在一项国际外派项目中，当组织认为是组织机会假设而个人认为是相互忠诚假设时，即符合个人关系期望时，个体发展与内在成长的绩效水平会更高，而组织方面的绩效相对不高，说明个人在外派中都比较成功，组织可能在外派中取得一般的成功。

对于假设四，根据结果发现在一项国际委任项目中，当双方都认为是投机交易行为假设时，即符合相互交易期望时，在组织和个人绩效方面都相对不高，说明组织和个人在外派中都可能获得一般性的成功。

在市场经济体制下，无论是组织和个人都在追求自身利益的最大化，并且相互之间的信息事实上不是完全相通的，于是他们相互之间存在了更多的猜忌，更多的相互交易关系。结果显示与博弈论中阐述的也十分相似，关系模式中相互交易者居多。

但是，我们并不想陷入"囚徒困境"，或者说我们的目标也不是组织和个人各自的利益最大，同时别人的损失最大。我们想要的是双赢。如何达到双赢，如何使绩效最大化，最终唯一实现的途径就是相互忠诚。当然，无论个人怎样，组织的忠诚势必给个人带来好处，个体职业发展与内在成长的绩效水平会更高。

3.5.4　关于心理契约随时间发生改变情况以及促使绩效改变的可能因素的讨论

由于一个国际外派项目周期一般要好几年，在一个时点达成的期望会随着时间变化而不再生效。在项目实行期间由于投机行为或不可控制的变化都可能使双方的初始期望改变。双方相互忠诚一般可能发生三种转变：①代理投机行为；②组织投机行为；③相互交易关系。原因可能是环境的改变，也可能是机会的增加等。这样绩效的改变可能是从上面由相互忠诚产生的绩效下降到其他三种情况下的绩效水平，外派的成功也会因此而降低。也有可能由于动态的关系，绩效的变化显得十分复杂，这样是否会保证外派成功成了一种风险。

当然，随着组织对个人或个人对组织的不断了解，他们之间也可能发生与上面三种相反的情况。这些也会导致绩效的改变，或者说对于外派项目成功与否的转变。

总体上，外派项目都是可以一般地完成的，但是我们要成功、出色地完成，就需要组织和个人共同的努力，相互信任、相互忠诚，以达到各自预期的目标。

3.6 总结与进一步研究方向

（1）初步验证了外派绩效的四因素模型，包括组织业务拓展、组织社会形象、个人职业发展和个人内在成长。

（2）个人越符合组织的期望，其组织的社会形象和业务拓展水平越高，也有助于个体不断提高自己内在的业务素质。其中结构方程建模的分析结果表明，构思关系具有良好的诺姆网络效度。

（3）组织越符合个体的期望，越有利于个体的职业发展，但对组织业务拓展会产生不良影响。

（4）个体及组织对外派都会有两种期望：关系期望和交易期望，不同的期望类型组合成四种不同的模式，即相互忠诚、代理机会、组织机会和相互交易。

（5）不同的组合模式下组织与个体的绩效略有差异，当组合模式为相互忠诚时，组织绩效水平更高；当组合模式为组织机会时，个体发展与内在成长的绩效水平会更高。

在后续研究中，可以关注外派过程中不同绩效类型的关系，也许不同类型的绩效并非并列关系。可以关注在外派过程中期望的不断改变对外派成功与否以及外派绩效的影响，期望有时会受一些因素的影响，它的改变或许对外派模型有不同的影响。可以关注在外派过程中，外派绩效与性别的关系。由于实际外派中男性居多，几乎很少有女性存在，所以研究女性被试的缺失也对研究造成一定的不足。以后或许研究外派绩效与性别的关系，对外派组织也有参考价值。

第4章 外派适应模式作用
产生机制研究

4.1 引言和研究假设

外派适应调整是复杂的过程（Hanslberg，2005），外派经理在外派调整过程中必然通过某种调整模式形成某些外派适应模式，外派适应模式是指外派人员在外派适应过程中形成的习惯化和固定化的行为或思维模式。这种适应模式在外派经理适应调整过程中受到多方面的影响，Andreason（2003）认为外派过程受到工作因素、组织因素、职位因素、非工作因素和个体因素等的影响。但 Andreason 只是概念性地提出了外派适应过程可能受到的影响因素，并没有量化论证对于外派适应过程来说，各个因素如何影响外派适应。在 Kraimer 和 Wayne（2004）等对外派中组织支持对外派影响的研究中，研究了角色因素、组织支持和工作关系对外派适应和组织承诺的影响。在 Kraimer 等的模型中，将组织支持作为多维度构思进行研究，但没有对外派调整模式进行影响作用模式上的研究。本研究拟从外派调整模式作用产生机制上进行研究，构建外派适应调整的作用机制模型。本研究提出以下假设：

假设1：外派经理适应性调整模式是一个多维结构，包含任务调整、向内调整、向外调整和情绪调整。

假设2：外派经理适应性调整水平在任务类型和外派类型上的分布存在显著差异。

假设3：外派经理适应性调整过程的前因变量在任务类型和外派类型上的分布存在显著差异。

假设3a：角色认知水平在任务类型和外派类型上的分布存在显著差异。

假设3b：组织支持水平在任务类型和外派类型上的分布存在显著差异。

假设3c：上下级关系在任务类型和外派类型上的分布存在显著差异。

本研究在总结以往研究的基础上，认为影响外派适应调整的因素有很多，其中主要有外派工作职位因素、组织因素和工作关系因素等，包括了外派工作中的角色认知变量（其中包括角色冲突、角色模糊、角色新奇和角色判断）、组织支持（财务支持、职业生涯支持和文化调整支持）、上下级关系（情感关系、工作外关系、专业关系和支持关系）和任务类型与外派类型变量。并提出各个外派适应性调整过程变量与外派经理调整模式的关系假设：

假设4：外派经理适应性调整过程变量与外派经理调整模式之间存在显著相关。

假设4a：角色认知（角色冲突、角色模糊、角色新奇、角色判断）与外派经理调整模式之间存在显著相关。

假设4b：组织支持（财务支持、职业生涯支持、文化调整支持）与外派经理调整模式之间存在显著相关。

假设4c：上下级关系（情感关系、工作外关系、专业关系、支持关系）与外派经理调整模式之间存在显著相关。

假设5：外派经理适应性调整过程变量（角色认知、组织支持、上下级关系）对调整模式影响显著。

假设6：任务类型和外派类型对外派经理适应性调整过程变量（角色认知、组织支持、上下级关系）与调整模式之间的关系影响显著。

4.2　研究方法

4.2.1　研究样本

为避免样本数据的同质性，本研究在全国各地进行广泛采样，样本总人数为136 人，其中，性别分布中绝大多数是男性（可能是由于外派工作性质的特殊性决定的），占了80.1%；学历分布中，研究生以上和小学及以下的人分布极少，总共只占了2.2%，绝大多数集中在本科和高中，大专其次；年龄分布中，绝大多数人都是20～40 岁，其次是 41～50 岁，最少的是 50 岁以上的人，只占到1.5%；在外派类型上，异地外派的人占了绝大多数，是创业人数的约 3 倍；在从事的任务上，协同性任务、计算性任务和创造性任务的比例大致相当，创造性任务的人数最多，协同性任务的人数最少，见表 4－1。

表 4－1　样本的描述性统计

背景因素	背景内容	样本人数	百分比（%）
性别	男性	109	80.1
	女　性	27	19.9
任务类型	协同性任务	40	29.4
	计算性任务	47	34.6
	创造性任务	48	35.3
	缺省	1	0.7
学历	研究生以上	1	0.7
	本科	33	24.3
	大专	20	14.7
	高中	42	30.9
	初中	38	27.9
	小学及以下	2	1.5

背景因素	背景内容	样本人数	百分比（%）
年龄	20～30	53	39
	31～40	59	43.4
	41～50	22	16.2
	50岁以上	2	1.5
外派类型	异地外派	101	74.3
	创业	35	25.7

4.2.2 统计分析

数据分析采用了常用的统计分析软件 SPSS 10.0 和结构方程建模软件 AMOS 4.0，统计分析手段包括探索性因素分析、验证性因素分析和多元回归分析等方法。

4.2.3 研究工具

本部分研究的调研工具问卷开发主要来源于国外较多适用于外派研究的问卷材料。外派任务的四个项目来自 Harvey（2002）等对于外派经理外派任务的分类，比如"我在当地的工作和我在母公司的工作大体相似"，"我的工作需要和当地机构或企业密切接触"和"我的工作没有标准和具体程序，需要具有创造性"分别指出了外派任务的三种类型（协调性任务、创新性任务和常规性任务）。外派调整项目，如"外派过程中，我更喜欢有挑战性的任务"和"我喜欢参加工作有关的当地社会活动"等来源于 Van Oudenhoven（2001）等的研究。而LMX、角色认知和组织支持等变量的项目来源于 Kraimer（2004）等的研究。

4.3 研究分析结果

4.3.1 调整模式的探索性因素分析

进行因素分析，因素数目的考虑与挑选标准常用的准则有两种：一是 Kaiser 所提的准则标准：选取特征值大于 1 的因素；二是 Cattell（1966）所倡导的特征值图形的陡阶检验（scree test）。在多数的因素分析中，根据 Kaiser 选取的标准，通常会抽取过多的共同因素，因而陡阶图是一个重要的选取指标。

本研究中调整模式的探索性因素分析采用的是主成分分析法和 Cattell 陡阶检验法。研究对所有项目的因素荷重按照其对因素的贡献率对项目进行挑选，剔除荷重低于 0.40 的项目。

从探索性因素结果和相关理论来看，因素分析固定抽取了四个因素，分别命名为任务调整模式、向外调整模式、向内调整模式和情绪调整模式。任务调整模式注重外派经理在适应过程中对任务内容本身上的调整，涉及任务的分配、安排、实施程序等方面的调整；情绪调整模式注重外派经理在适应过程中对情绪等社会化行为的调整，涉及待人处事时的情绪稳定性、心理素质等方面的调整；向外调整模式注重外派经理在适应过程中向外拓展和延伸的意图或行为，涉及向外寻求问题解决、积极参与外向活动、外向创业意向或拓展等方面；向内调整模式则相反，注重外派经理在适应过程中在个体和公司内部自身延伸，寻求问题解决的调整，他们往往对本公司或本地区有极高认同感。调整模式的 4 个维度所包含项目的一致性系数分别是 0.81、0.64、0.61 和 0.66，说明量表具有较好的内部一致性，信度较高，可以在测验中使用，见表 4-2。

表 4-2 调整模式因素分析

测量项目	1	2	3	4
因素 1：任务调整				
1. 外派过程中，我更喜欢有挑战性的任务。	0.82	0.13	0.14	0.13
2. 为取得某些业绩，我喜欢采取有风险的方式。	0.81	0.11	-0.04	0.17
3. 我在外派工作中，能够自主调制工作目标。	0.68	0.24	0.03	-0.02
4. 我能够理解当地人的感受、想法和经历。	0.76	0.05	0.11	-0.09
5. 我了解当地人的非言语行为。	0.51	-0.36	0.32	-0.05
6. 我能够在当地文化下理解当地某些人的工作方式。	0.63	-0.07	0.29	0.06

测量项目	1	2	3	4
因素 2：向外调整				
7. 我有强烈的异地工作动机。	0.06	0.57	0.44	-0.13
8. 在外派工作中，我有更多的想法和自发行为。	-0.06	0.69	-0.04	0.17
9. 我喜欢参加工作有关的当地社会活动。	0.08	0.61	0.21	0.31
10. 我可以准备随时外派到另外一个子公司。	0.35	0.66	-0.03	-0.12
因素 3：向内调整				
11. 我已经充分融入了当地社会和当地公司。	0.37	-0.01	0.76	0.07
12. 我对当地公司非常认同或喜欢。	0.02	0.12	0.78	0.17
因素 4：情绪调整				
13. 我即使在单独的情况下，工作也会良好。	0.24	0.17	0.17	0.63
14. 外派中，我喜欢在母公司没有过的新想法和观点。	0.28	0.31	-0.08	0.71
15. 在外派中，遇到逆境，我总能够保持情绪稳定。	0.20	0.17	-0.17	-0.65

4.3.2 调整模式的验证性因素分析

从探索性因素分析的结果可以看到，任务调整、向外调整、向内调整和情绪调整是调整模式的四个维度。为了确定这个四维度结构的稳定性和合理性，本研究进行了验证性因素分析。模型验证的主要参数和拟合指标情况见图 4 - 1 和表 4 - 3。从验证性因素分析图和模型的拟合指标（见表 4 - 3）来看，CFI、TLI、GFI、IFI 等指标值都较理想，模型整体的拟合是较好的。χ^2/df 值小于 2，并不显著，具有统计上的显著性。

表 4 - 3 调整模型验证性因素分析的拟合指标

χ^2（p）	GFI	AGFI	IFI	CFI	TLI	RMSEA
0.00	0.92	0.88	0.99	0.99	0.98	0.07

注：GFI：拟合优度；AGFI：校正的拟合优度；IFI：差别拟合指数；CFI：比较拟合指数；TLI：非标准增值拟合指数；RMSEA：近似误差均方根。

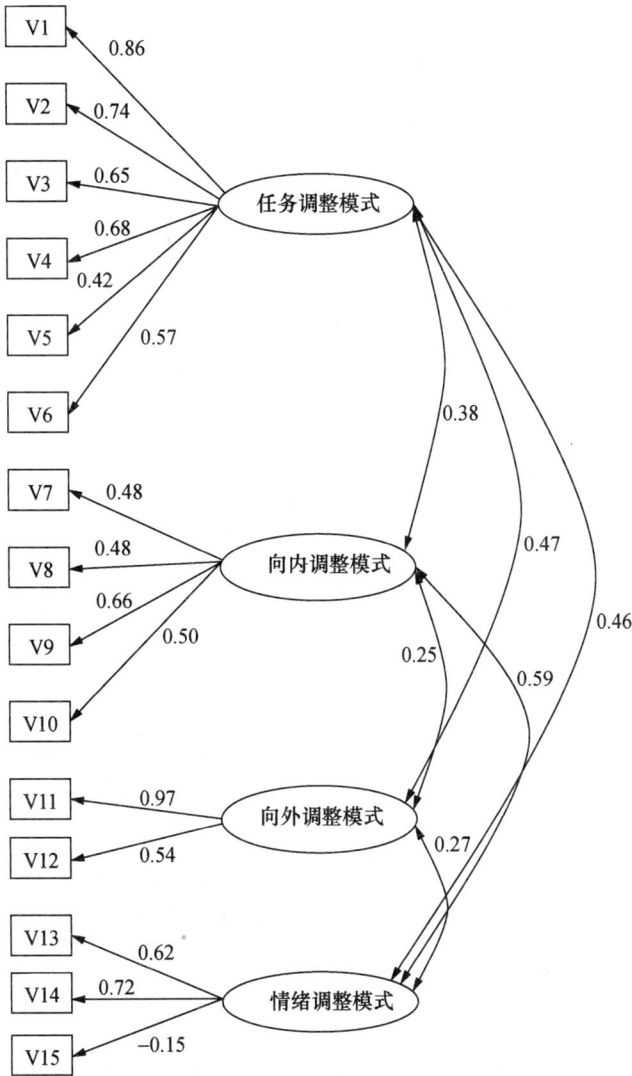

图 4－1　外派经理调整模式的结构方程模型

4.3.3　调整模式在外派经理背景因素上的差异分布

为了研究在不同的背景因素上，外派经理调整模式重点和差异水平如何，本研究对调整模式的四个维度在外派经理年龄、外派类型和任务上做了 t 检验，以此来比较分析不同的调整模式的维度水平在背景因素上的分布。统计验证结果见表4-4。

表4-4 调整模式的各个维度在年龄上的分布差异（N=136）

	年龄层次	平均数	标准差	F值
任务调整	1	2.44	0.52	1.37*
	2	2.61	0.61	
	3	2.69	0.62	
	4	2.83	0.23	
向外调整	1	2.18	0.38	1.91*
	2	2.35	0.47	
	3	2.19	0.31	
	4	2.12	0.17	
向内调整	1	2.42	0.58	0.51
	2	2.32	0.61	
	3	2.38	0.56	
	4	2.00	0.00	
情绪调整	1	2.65	0.49	2.24**
	2	2.87	0.43	
	3	2.74	0.47	
	4	3.00	0.47	

注：①显著性：*$p<0.05$，**$p<0.01$，***$p<0.001$；②年龄层次：1代表21~30岁，2代表31~40岁，3代表41~50岁，4代表50岁以上。

从表4-4中可以看到，在年龄分布上，任务调整、向外调整和情绪调整的分布差异显著，但向内调整的分布差异不显著；在任务类型上，只有任务调整的分布差异显著，向外调整、向内调整和情绪调整的分布差异不显著；在外派类型上，任务调整和向内调整的分布差异显著，向外调整和情绪调整的分布差异不显著。

具体来看，在年龄层次上，50岁以上的人任务调整水平最高，21~30岁的人最低，31~50岁的人居中，基本上，外派经理的任务调整水平与年龄成正比；

31~40 岁的人向外调整水平最高，50 岁以上的人最低，然后是 41~50 岁和 21~30 岁的人；在向内调整上，21~30 岁的人调整水平最高，50 岁以上的人最低；在情绪调整上，50 岁以上的人调整水平最高，21~30 岁的人调整水平最低。

在任务类型的分布上，从事计算性任务的人，在任务调整、向内调整、向外调整和情绪调整上的水平都是最高的，从事其他两种任务的人在四个调整模式的维度上都相当，见表 4-5。

表 4-5 调整模式的各个维度在任务类型上的分布差异

	任务类型	平均数	标准差	F 值
任务调整	1	2.43	0.59	
	2	2.75	0.60	3.89**
	3	2.49	0.51	
向内调整	1	2.26	0.53	
	2	2.29	0.34	0.49
	3	2.21	0.40	
向外调整	1	2.34	0.75	
	2	2.38	0.44	0.05
	3	2.38	0.57	
情绪调整	1	2.77	0.44	
	2	2.80	0.48	0.40
	3	2.71	0.48	

注：①显著性：$* p < 0.05$，$** p < 0.01$，$*** p < 0.001$；②任务类型：1 代表协调性任务，2 代表计算性任务，3 代表创造性任务。

在外派类型的分布上，在任务调整和情绪调整方面，异地外派经理的水平都要比创业者的适应调整水平高，但在向内调整和向外调整上，则刚好相反，创业者的适应调整水平要比异地外派经理更高，见表 4-6。

表 4-6 调整模式四个维度在外派类型上的分布差异

	外派类型	平均数	标准差	F 值
任务调整	1	2.63	0.59	5.13**
	2	2.37	0.49	

续表

	外派类型	平均数	标准差	F 值
向内调整	1	2.22	0.41	2.26 *
	2	2.35	0.44	
向外调整	1	2.35	0.54	0.24
	2	2.41	0.71	
情绪调整	1	2.79	0.45	0.81
	2	2.70	0.52	

注：①显著性：* $p < 0.05$，** $p < 0.01$，*** $p < 0.001$；②外派类型：1 代表外派，2 代表创业。

4.3.4　外派调整前因变量的因素分析

本研究中调整模式的探索性因素分析采用的是主成分分析法和 Cattell 陡阶检验法。研究对所有项目的因素荷重按照其对因素的贡献率对项目进行挑选，剔除荷重低于 0.40 的项目。

从表 4 - 7 来看，外派经理的组织支持因素包含了三个因素：财务支持、职业支持和文化支持。组织支持的三个维度所包含项目的一致性系数分别是 0.71、0.83、0.73，说明量表具有较好的内部一致性，信度较高，可以在测验中使用。

表 4 - 7　组织支持因素分析

测量项目	项目 1	项目 2	项目 3
财务支持			
1. 我在异地开展工作时，公司给予强有力的财务支持	0.81	0.32	0.01
2. 公司给予我异地工作的良好薪资和待遇	0.86	0.11	0.23
3. 我没有理由抱怨异地工作会带来金钱上的损失	0.82	-0.10	0.37
职业支持			
4. 公司做外派决定时考虑了我个人的工作目标和需要	0.30	0.83	0.24
5. 我感觉公司关注我的职业生涯发展与规划	0.17	0.84	0.35
文化支持			
6. 公司提供给我家庭成员适应异地生活的辅助措施	0.03	0.32	0.83
7. 公司给我提供机会来融入异地生活	0.20	0.13	0.87

从表4-8来看,外派经理的角色认知因素包含了四个因素:角色模糊、角色判断、角色新奇和角色冲突。角色认知的四个维度所包含项目的一致性系数分别是0.80、0.67、0.71和0.76,说明量表具有较好的内部一致性,信度较高,可以在测验中使用。

表4-8 角色认知因素分析

测量项目	因素1	因素2	因素3	因素4
角色模糊				
13. 我不清楚在不同场合下公司对我行为的要求	0.81	0.01	0.26	0.01
14. 实际上,我不很确切知道公司期望我做什么	0.78	-0.17	0.30	0.01
7. 为了完成某项任务,有时必须违反公司的规章	0.71	0.14	-0.27	0.13
10. 有时接受一项任务,没有足够的资源或人力	0.55	0.16	-0.12	0.03
角色判断				
18. 在外派中,我对我拥有的自主权感到满意	0.01	0.81	0.12	0.02
17. 我在外派中,对工作任务拥有充分的自主权	0.06	0.78	0.11	0.22
16. 我能够在改变我的工作任务,以便更好适应当地情况	0.31	0.70	0.09	0.13
角色新奇				
15. 对于取得预期工作结果,没有明确的行为要求	0.12	0.12	0.80	0.02
12. 我完成工作的规则与方式,公司没有明确界定	0.11	0.05	0.74	0.28
19. 外派工作的职责和以前的工作任务相似	-0.15	0.35	0.47	0.11
角色冲突				
6. 在异地工作,我需要额外去完成某些不必要的事	0.16	0.14	0.22	0.87
5. 完成同一件工作,我需要在异地采用不同方法	0.17	0.23	0.15	0.79

从表4-9来看,外派经理的上下级关系因素包含了四个因素:上级和下级的情感关系、支持关系、工作外关系和专业关系。上下级关系的四个维度所包含项目的一致性系数分别是0.78、0.79、0.85和0.88,说明量表具有较好的内部一致性,信度较高,可以在测验中使用。

表4-9 上下级关系因素分析

	因素1	因素2	因素3	因素4
情感关系				
1. 我的上级是那种可以成为朋友的人	0.82	0.03	0.14	0.20
2. 和我的上级共事,能够在工作中找到快乐	0.85	0.10	0.07	0.04
支持关系				
3. 上级即使在不完全了解的情况下,也会为我的工作辩护	0.15	0.06	0.06	0.96
4. 在我被他人抨击时,上级会支持与保护我	0.11	0.20	0.14	0.90
工作外关系				
5. 为了达到上级的目标,我会加倍努力	0.12	0.85	0.18	0.03
6. 我会为上级完成工作要求以外的任务	0.13	0.86	0.09	0.03
专业关系				
7. 我对上级的工作专长印象深刻。	0.66	0.25	0.27	-0.02
8. 我很敬佩上级工作上的能力和专业知识。	0.73	0.13	0.45	-0.25

总的来看,影响外派经理调整模式的三个重要变量(组织支持、角色认知和上下级关系)结构清晰,维度项目内部一致性较高,量表信度较高。

4.3.5 前因变量在任务类型和外派类型上的分布差异

本研究对前因变量在外派类型和外派经理年龄上做了t检验,以此来比较分析不同的前因变量在背景因素上的分布。统计验证结果见表4-10至表4-15。

从任务类型上来看,角色冲突在四个维度上的分布差异显著,角色判断、角色新奇和角色模糊的分布差异不显著。在进行协调性任务时,角色模糊和角色冲突的水平更高,在进行计算性任务时,角色判断和角色新奇的水平更高,进行创造性任务时,角色认知的水平更高,见表4-10。

从角色认知在外派类型上的分布差异来看,角色模糊和角色判断的分布差异显著,角色新奇和角色冲突分布不显著。在角色模糊和角色新奇的适应调整水平上,异地外派经理比创业者的适应调整水平更高,但在角色判断和角色冲突的适应调整水平上,创业者比异地外派经理的水平更高,见表4-11。

表4-10 角色认知在任务类型上的分布差异

	任务类型	平均数	标准差	F 值
角色模糊	1	3.36	0.68	1.95
	2	3.30	0.72	
	3	3.09	0.64	
角色判断	1	2.21	0.66	0.26
	2	2.29	0.44	
	3	2.27	0.48	
角色新奇	1	2.71	0.59	0.71
	2	2.80	0.69	
	3	2.64	0.69	
角色冲突	1	2.61	0.82	4.03**
	2	2.57	0.63	
	3	2.26	0.49	

注：①显著性：* $p < 0.05$，** $p < 0.01$，*** $p < 0.001$；②任务类型：1 代表协调性任务，2 代表计算性任务，3 代表创造性任务。

表4-11 角色认知在外派类型上的分布差异（N = 136）

	外派类型	平均数	标准差	F 值
角色模糊	1	3.32	0.66	4.74**
	2	3.02	0.72	
角色判断	1	2.21	0.50	2.82*
	2	2.39	0.58	
角色新奇	1	2.72	0.71	0.05
	2	2.70	0.51	
角色冲突	1	2.44	0.67	0.73
	2	2.55	0.63	

注：①显著性：* $p < 0.05$，** $p < 0.01$，*** $p < 0.001$；②外派类型：1 代表外派，2 代表创业。

从组织支持在任务类型上的分布来看，只有职业支持的分布差异显著。具体来说，从事计算性任务的人职业支持和文化支持水平最高，从事创造性任务的人财务支持水平最高，从事协调性任务的人在财务支持、职业支持和文化支持上的水平都相对较低,见表 4 – 12。

表 4 – 12　组织支持在任务类型上的分布差异（N = 136）

	任务类型	平均数	标准差	F 值
财务支持	1	2.13	0.68	1.79
	2	2.27	0.81	
	3	2.42	0.61	
职业支持	1	2.38	0.88	5.09 **
	2	2.87	0.74	
	3	2.84	0.72	
文化支持	1	2.70	0.67	0.12
	2	2.77	0.84	
	3	2.70	0.74	

注:①显著性:* p < 0.05,** p < 0.01,*** p < 0.001;②任务类型:1 代表协调性任务,2 代表计算性任务,3 代表创造性任务。

从组织支持在外派类型上的分布来看,职业支持的分布差异是显著的。从具体维度比较来看,在财务支持水平上,创业者比异地外派经理的水平更高,但在职业支持和文化支持水平上,异地外派经理则比创业者的水平更高,见表 4 – 13。

表 4 – 13　组织支持在外派类型上的分布差异

	外派类型	平均数	标准差	F 值
财务支持	1	2.25	0.71	0.87
	2	2.38	0.71	
职业支持	1	2.81	0.81	5.55 *
	2	2.44	0.73	
文化支持	1	2.79	0.73	3.45
	2	2.51	0.80	

注:①显著性:* p < 0.05,** p < 0.01,*** p < 0.001;②外派类型:1 代表外派,2 代表创业。

从上下级关系在外派类型上的分布来看,在支持关系和专业关系上,异地外派经理比创业者的水平高,但在情感关系和工作外关系上,创业者则比异地外派经理的水平更高，见表 4 − 14。

表 4 − 14　上下级关系在外派类型上的分布差异

	外派类型	平均数	标准差	F 值
情感关系	1	2.28	0.58	0.34
	2	2.36	0.83	
支持关系	1	2.67	0.52	3.81 *
	2	2.47	0.56	
工作外关系	1	2.03	0.55	2.02
	2	2.19	0.55	
专业关系	1	2.40	0.77	1.08
	2	2.25	0.58	

注：①显著性：* $p < 0.05$，** $p < 0.01$，*** $p < 0.001$；②外派类型：1 代表外派，2 代表创业。

从上下级关系在任务类型上的分布来看，工作外关系在任务类型上的分布差异是显著的。从具体的维度来看，从事创造性任务的人在情感关系、支持关系、工作外关系和专业关系四个维度上的水平都是最高的；除了工作外关系，从事协调性任务的人在其他三个上下级关系的水平上都是最低的，从事计算性任务的人在四个维度上的水平呈中等水平，见表 4 − 15。

表 4 − 15　上下级关系在任务类型上的分布差异

	任务类型	平均数	标准差	F 值
情感关系	1	2.22	0.77	0.586
	2	2.33	0.55	
	3	2.35	0.63	
支持关系	1	2.57	0.56	0.249
	2	2.64	0.49	
	3	2.64	0.57	
工作外关系	1	2.05	0.67	1.947 *
	2	1.97	0.44	
	3	2.19	0.53	

	任务类型	平均数	标准差	F 值
专业关系	1	2.21	0.68	1.197
	2	2.42	0.75	
	3	2.42	0.74	

注：①显著性：* $p < 0.05$，** $p < 0.01$，*** $p < 0.001$；②任务类型：1 代表协调性任务，2 代表计算性任务，3 代表创造性任务。

4.3.6 变量之间的相关分析

根据研究假设，本研究对外派经理调整模式的四个维度（任务调整、向内调整、向外调整和情绪调整）、组织支持、角色认知和上下级关系进行相关分析，具体的相关分析结果见表 4 - 16 至表 4 - 18。从调整模式内部四个维度相关分析的结果来看，调整模式的四个维度之间显著正相关。

从调整模式与角色认知之间的关系来看，任务调整与角色判断、角色新奇、角色冲突显著正相关，与角色模糊相关不显著；向内调整与角色判断、角色新奇、角色冲突显著正相关，与角色模糊负相关，但是不显著；向外调整与角色判断、角色新奇显著正相关，与角色模糊、角色冲突相关不显著；情绪调整只与角色新奇显著正相关，与其他三个变量相关不显著，见表 4 - 16。

表 4 - 16 调整模式四维度与角色认知的相关分析

	1	2	3	4	5	6	7	8
1. 任务调整	1							
2. 向内调整	0.22 *	1						
3. 向外调整	0.36 **	0.23 **	1					
4. 情绪调整	0.34 **	0.36 **	0.17 *	1				
5. 角色模糊	0.15	- 0.14	0.02	0.16	1			
6. 角色判断	0.23 **	0.21 **	0.45 **	- 0.09	0.10	1		
7. 角色新奇	0.48 **	0.22 **	0.23 **	0.33 **	0.06	0.19 *	1	
8. 角色冲突	0.31 **	0.21 **	0.16	0.13	0.13	0.37 **	0.30 **	1

注：显著性：* $p < 0.05$，** $p < 0.01$，*** $p < 0.001$。

从调整模式与组织支持的相关分析来看，任务调整与组织支持的三个变量都显著正相关；向内调整与三个变量的相关都不显著；向外调整与三个变量都显著正相关；情绪调整与组织支持的三个变量的相关都不显著，见表 4 - 17。

表 4 - 17　调整模式与组织支持的相关分析

	1	2	3	4	5	6	7
1. 任务调整	1						
2. 向内调整	0.22**	1					
3. 向外调整	0.35***	0.22**	1				
4. 情绪调整	0.34***	0.36***	0.17*	1			
5. 财务支持	0.32***	0.15	0.29***	0.11	1		
6. 职业支持	0.32***	0.04	0.24**	0.11	0.23**	1	
7. 文化支持	0.16*	-0.02	0.22**	0.11	0.15	0.42***	1

注：显著性：* p < 0.05，** p < 0.01，*** p < 0.001。

从上下级关系与调整模式之间的相关分析结果来看，任务调整与工作外关系相关不显著，但与其他三个变量都显著正相关；向内调整与工作外关系显著正相关，向外调整与上下级关系的四个变量都显著正相关；情绪调整与情感关系变量相关不显著，与其他三个变量都显著正相关，见表 4 - 18。

表 4 - 18　上下级关系与调整模式的相关分析

	1	2	3	4	5	6	7	8
1. 任务调整	1							
2. 向内调整	0.22*	1						
3. 向外调整	0.35***	0.22**	1					
4. 情绪调整	0.34***	0.36***	0.17*	1				
5. 情感关系	0.17*	-0.03	0.45***	0.02	1			
6. 支持关系	0.25**	0.09	0.19*	0.18*	0.33***	1		
7. 工作外关系	0.11	0.30***	0.36***	0.23**	0.24**	0.28***	1	
8. 专业关系	0.48***	0.14	0.43***	0.21*	0.51***	0.28***	0.35***	1

注：显著性：* p < 0.05，** p < 0.01，*** p < 0.001。

4.3.7 前因变量对调整模式的回归分析

相关分析的功能在于说明变量之间是否存在关系，但是无法说明变量之间的影响关系大小以及变量之间的因果关系。从研究目的出发，本研究要验证变量之间的关系，这就需要对变量关系进行回归分析。

回归分析的作用在于可以评估和分析一个因变量和多个自变量之间的关系，确定自变量对于这种关系的重要性（王重鸣，1998）。本研究要验证前因变量对外派调整模式的影响。

从表4-19角色认知对调整模式的回归分析来看，角色认知的四个变量对调整模式的四个变量回归都显著。在任务调整上，角色新奇的影响最大，角色模糊和角色判断的影响最小；在向内调整上，角色模糊的影响最大，角色冲突的影响最小；在向外调整上，角色判断的影响最大，角色模糊的影响最小；在情绪调整上，角色新奇的影响最大，角色判断的影响最小。

从表4-20上下级关系对调整模式的回归分析来看，总的来说，上下级关系对调整模式影响显著。在任务调整上，专业支持对任务调整的影响最大，工作外关系影响最小；在向内调整上，工作外关系影响最大，支持关系影响最小；在向外调整上，情感关系影响最大，支持关系影响最小；在情绪调整上，专业支持影响最大，支持关系影响最小。

从表4-21组织支持对调整模式的回归分析来看，总的来说，组织支持对调整模式的影响显著。在四个调整维度上，都是财务支持对其影响力最大；在任务调整和向外调整上，文化支持对其的影响力最小；在向内调整和情绪调整上，职业支持对其的影响力最小。

4.3.8 外派任务和类型对调整过程的缓冲效应分析

从前面已做的方差分析结果来看，调整模式及其前因变量在背景因素上存在显著差异，本研究检验了这些背景因素和调整模式、角色认知、组织支持和上下级关系的影响。由于通常的线性层次回归方法只能针对连续变量使用，而背景因素和群体规模属于分类变量，因此本研究采用了一般线性模型对缓冲效应进行验证，见表4-22。

表 4 - 19　角色认知对调整模式四维度的回归分析

	任务调整				向内调整				向外调整				情绪调整			
	β	t	校正 R²	F 值	β	t	校正 R²	F 值	β	t	校正 R²	F 值	β	t	校正 R²	F 值
角色模糊	0.09	1.14			-0.19	-2.21			-0.03	-0.38			0.14	1.74		
角色判断	0.09	1.07			0.14	1.58			0.44	5.22***			-0.20	-2.33*		
角色新奇	0.42	5.30***	0.26	12.27***	0.17	1.99*	0.11	5.14***	0.17	2.05*	0.28	13.63***	0.34	3.98***	0.14	6.41***
角色冲突	0.14	1.72*			0.14	1.46			-0.04	-0.50			0.10	1.10		

显著性：* p < 0.05，** p < 0.01，*** p < 0.001。

表 4 - 20　上下级关系对调整模式四维度的回归分析

	任务调整				向内调整				向外调整				情绪调整			
	β	t	校正 R²	F 值	β	t	校正 R²	F 值	β	t	校正 R²	F 值	β	t	校正 R²	F 值
情感关系	-0.15	-1.70			-0.18	-1.83			0.29	3.25**			-0.18	-1.74		
支持关系	0.19	2.29*			-0.04	-0.38			-0.02	-0.18			0.13	1.44		
工外关系	-0.09	-1.18	0.23	13.42***	0.34	3.77**	0.094	4.42**	0.22	2.65**	0.21	9.58**	0.16	1.74	0.08	3.77**
专业支持	0.56	6.18***			0.15	1.46			0.22	2.41*			0.218	2.12*		

表 4 - 21　组织支持对调整模式四维度的回归分析

	任务调整				向内调整				向外调整				情绪调整			
	β	t	校正 R²	F 值	β	t	校正 R²	F 值	β	t	校正 R²	F 值	β	t	校正 R²	F 值
财务支持	0.26	3.13*			0.18	1.99*			0.24	2.86*			0.09	1.02		
职业支持	0.25	2.82*	0.15	8.60*	0.06	0.61	0.02	1.68	0.14	1.53	0.11	6.53***	0.06	0.65	0.01	1.23
文化支持	0.03	0.28			-0.08	-0.79			0.13	1.41			0.08	0.87		

显著性：* p < 0.05，** p < 0.01，*** p < 0.001。

表4－22　背景因素在外派经理调整模式中的缓冲作用分析

缓冲变量	任务类型		
	F_1	F_2	F_3
结果变量		调整模式	
组织支持	0.64	0.22	21.83***
角色认知	0.82	0.29	3.83*
上下级关系	0.59	0.68	4.31*
缓冲变量	外派类型		
	F_1	F_2	F_3
结果变量		调整模式	
组织支持	25.00***	66.30***	8.30**
角色认知	15.79***	0.27	1.18
上下级关系	18.92***	19.65***	6.63*

注：①表中 F_1 是缓冲变量的主效应，F_2 是前因变量与调整模式的主效应，F_3 是前因变量与缓冲变量的交互作用；②显著性：* $p < 0.05$，** $p < 0.01$，*** $p < 0.001$。

从缓冲效应分析结果来看，任务类型对组织支持、角色认知、上下级关系与调整模式之间的关系起到了缓冲效应；外派类型对组织支持、上下级关系与调整模式之间的关系起到了缓冲效应，而对角色认知和调整模式之间的关系影响不显著。

4.4　研究总结与讨论

4.4.1　外派经理适应性调整模式4维度

从探索性因素结果和相关理论来看，因素分析固定抽取了四个因素，分别命名为任务调整、向外调整、向内调整和情绪调整。任务调整注重外派经理在任务内容本身上的调整，情绪调整注重外派经理在情绪等社会化行为的调整，向外调整注重外派经理向外拓展和延伸，寻求问题解决的调整，向内调整则相反，注重外派经理在个体和公司内部自身延伸，寻求问题解决的调整。

通过进一步的验证性分析证实外派经理适应性调整模式确实存在四个维度：任务调整、向外调整、向内调整和情绪调整。模型拟合的结果说明四维度调整模型各项指标拟合较优，统计学意义明显，模型的稳定性较好，具有较强的合理性。

4.4.2　调整模式在背景因素上的分布

研究结果表明，不同调整模式在不同类型任务、外派类型和年龄上的分布存在一定的差异性。在年龄分布上，任务调整、向外调整和情绪调整的分布差异显著，但向内调整的分布差异不显著。50岁以上的人任务调整水平最高，21~30岁的人最低；31~40岁的人向外调整水平最高，50岁以上的人最低；在向内调整上，21~30岁的人调整水平最高，50岁以上的人最低；在情绪调整上，50岁以上的人调整水平最高，21~30岁的人调整水平最低。

在任务类型上，只有任务调整模式的分布差异显著，向外调整、向内调整和情绪调整的分布差异不显著；从事计算性任务的人，在任务调整、向内调整、向外调整和情绪调整上的水平都是最高的，从事其他两种任务的人在四个调整模式的维度水平上都相当。

在外派类型上，任务调整和向内调整的分布差异显著，向外调整和情绪调整的分布差异不显著。在任务调整和情绪调整上，异地外派经理的水平都要比创业的人调整水平高，但在向内调整和向外调整上，则刚好相反。

4.4.3　前因变量在背景因素上的分布

在角色认知变量上，从任务类型上来分析，角色冲突在四个维度上的分布差异显著，角色判断、角色新奇和角色模糊的分布差异不显著。在进行协调性任务时，角色模糊和角色冲突的水平更高，在进行计算性任务时，角色判断和角色新奇的水平更高，进行创造性任务时，角色认知的水平更高。

从角色认知在外派类型上的分布差异来看，角色模糊和角色判断的分布差异显著，角色新奇和角色冲突分布不显著。对于异地外派经理来说，角色模糊和角色新奇的水平更高，对于创业的人来说，角色判断和角色冲突的水平更高。

从组织支持在任务类型上的分布来看，只有职业支持的分布差异显著。具体地说，从事计算性任务的人职业支持和文化支持水平最高，从事创造性任务的人财务支持水平最高，从事协调性任务的人在财务支持、职业支持和文化支持上的水平都相对较低。从外派类型上来看，创业的人财务支持水平高，职业支持和文化支持水平低，而异地外派经理则相反。

从上下级关系在外派类型上的分布来看，异地外派经理在支持关系和专业关系上的水平高，在情感支持和工作外关系上的水平低，而创业的人则刚好相反。

从任务类型上来看，从事创造性任务的人在情感关系、支持关系、工作外关系和专业关系四个维度上的水平都是最高的；除了工作外关系，从事协调性任务的人在其他三个上下级关系的水平上都是最低的，从事计算性任务的人在四个维度上的水平呈中等水平。

4.4.4 变量之间的相关关系

从调整模式与角色认知之间的关系来看，任务调整与角色判断、角色新奇、角色冲突显著正相关，与角色模糊相关不显著；向内调整与角色判断、角色新奇、角色冲突显著正相关，与角色模糊负相关，但是不显著；向外调整与角色判断、角色新奇显著正相关，与角色模糊、角色冲突相关不显著；情绪调整只与角色新奇显著正相关，与其他三个变量相关不显著。

从调整模式与组织支持的相关分析来看，任务调整与组织支持的三个变量都显著正相关；向内调整与三个变量的相关都不显著；向外调整与三个变量都显著正相关；情绪调整与组织支持的三个变量的相关都不显著。

从上下级关系与调整模式之间的相关分析结果来看，任务调整与工作外关系相关不显著，但与其他三个变量都显著正相关；向内调整与工作外关系显著正相关，与上下级关系的四个变量都显著正相关；情绪调整与情感关系变量相关不显著，与其他三个变量都显著正相关。

4.4.5 前因变量对调整模式的影响力分析

研究结果表明，角色认知的四个变量对调整模式的四个变量回归都显著。在任务调整上，角色新奇的影响最大，角色模糊和角色判断的影响最小；在向内调整上，角色模糊的影响最大，角色冲突的影响最小；在向外调整上，角色判断的影响最大，角色模糊的影响最小；在情绪调整上，角色新奇的影响最大，角色判断的影响最小。

从上下级关系对调整模式的回归分析来看，总的来说，上下级关系对调整模式影响显著。在任务调整上，专业支持对任务调整模式的影响最大，工作外关系影响最小；在向内调整上，工作外关系影响最大，支持关系影响最小；在向外调整上，情感关系影响最大，支持关系影响最小；在情绪调整上，专业支持影响最大，支持关系影响最小。

从组织支持对调整模式的回归分析来看，总的来说，组织支持对调整模式的影响显著。在四个调整模式的维度上，都是财务支持对其影响力最大；在任务调整和向外调整上，文化支持对其的影响力最小；在向内调整和情绪调整上，职业支持对其的影响力最小。

4.4.6　背景因素对调整过程的影响分析

从缓冲效应分析结果来看，任务类型显著影响着组织支持、角色认知、上下级关系与调整模式之间的关系，起到了缓冲效应；外派类型对组织支持、上下级关系与调整模式之间的关系起到了显著影响，具有缓冲效应，而对角色认知和调整模式之间的关系影响则不显著。

4.4.7　研究意义和未来研究方向

在汲取以往研究成果的基础上，本研究在理论和实证上深入探索和验证了外派人员适应性调整模式的四维结构，系统阐述了外派经理在外派过程中所进行的适应性调整方式和方法，并细致分析了调整模式在外派经理背景因素上的分布差异，在一定程度上解释了引起这些适应模式行为差异的原因。此外，研究也关注了角色认知、上下级关系和组织支持等影响外派适应模式的重要前因变量在这些背景上的分布差异，为理解这些重要变量与适应模式之间的关系构建了桥梁。更为重要的是，在以往文献的基础上，研究进一步分析了外派经理适应模式与角色认知、上下级关系和组织支持等重要前因变量之间关系的问题，以及任务类型和外派类型在这一过程中的作用等问题，这就意味着本研究揭示了外派经理适应模式产生和作用的动态机制，即角色认知、上下级关系和组织支持等内外动因是引起外派人员采用适应性调整模式行为的重要原因和推动力，而外派经理所从事的任务类型和外派类型是影响这一关系的重要"缓冲器"，这就从理论上解释了究竟是什么在影响外派经理离职和绩效等诸多问题，具有很大的理论和实践意义。

但是外派人员所处的外部环境极为复杂，面临文化冲突、工作和生活模式差异等问题，在内部环境上，也同样面临组织冲突、管理沟通、财务使用等诸多难题，因此未来可以进一步拓宽对影响外派人员调整过程变量的探索和研究，同时对调整模式的内在动态过程进行多层次、多角度和多阶段的研究，以更好地解释外派经理绩效。因此，我们在下面的研究中考虑到外派适应过程的层次与阶段性，运用多阶段外派适应理论，从外派适应难题与策略运用角度来研究外派过程。

第5章　外派适应调整策略的
可行性研究

5.1　引　言

外派研究一般认为外派适应是多维度构思，包括三种外派适应：首先是对工作任务的适应，比如适应在异地从事的新工作要求；其次是人际关系方面的适应，比如能够融入当地文化，与当地人正常交流；最后是一般适应问题，这是指适应文化变异和异地生活条件（Black，1988）。以往外派适应研究多关注影响外派适应调整的因素，比如 Black（1991）等的模型关注了影响国际外派三种适应调整的主要因素；Shaffer（1999）等总结的五大因素：工作因素、组织因素、职位因素、非工作因素和个体因素。从 Black（1991）的适应调整模型来看，存在几种假设：首先，调整是有阶段性或临界点的，外派适应调整最终将导致外派经理的压力承受和外派绩效（Black，1988），Harrison 和 Shaffer（2001）以系统方式对这种阶段性进行了分析；其次，Black 的模型适应于所有的外派经理，Shaffer（1999）等的研究表明外派过程相当复杂，在不同背景、工作结构和个体条件下外派过程呈现不同变化趋势。另外，Lysgaard（1955）和 Torbiorn（1982）等的研究表明外派过程呈现阶段性，或者确切地讲是倒"U"形。前面外派研究访谈中很多异地派入经理感受到了阶段性，并且对阶段存在的典型问题有深入认识，也采取了相应的策略来处理这些难题。

本研究区别于 Shrinivas（2004）等总结提出的框架，该框架采取周边、任务和个体等因素影响 Black（1991）的三种适应调整，而采用关键难题——相关策略的思路来研究阶段性的适应调整策略。在第 2 章的访谈研究中，外派经理对于外派适应调整过程的阶段性有较强的意识，并且在各个适应策略上表现出阶段差异，因此，本研究试图系统深入探讨在不同外派适应阶段中外派经理采取差异性的适应调整策略对外派绩效的影响；比较策略组合之间运用的有效性差异。

5.2 研究目的

前面的研究总结了外派研究的阶段性和外派策略组合，影响外派适应调整策略的心理契约、组织支持、角色、外派任务和领导支持等因素。外派调整策略对外派适应具有重要意义，作为外派调整的核心模式，其他组织周边因素、个体因素和任务因素等对外派策略产生作用，然后才能得到理想的外派绩效。因此，外派适应策略运用是外派适应过程的中介过程，直接关系到外派前提因素对外派绩效的作用效果。根据 Mendenhall（2002）等的研究，影响外派适应的因素很多，这些因素从不同角度和不同阶段来影响外派适应绩效。除了 Black（1991）等的模型中涵盖的要素外，Deshpande（1992）和 Morris（2001）等通过元分析表明跨文化培训能够有效影响外派绩效。在前述研究验证性地构建了影响外派适应调整及其绩效的多方面因素后，本研究主要关注外派适应调整的阶段性特征及其应对阶段典型难题的策略组合。为确定假设适应调整组合的合适性，本研究将比较不同组的适应调整策略模式，来确定适应调整中的阶段策略模式。本实验设计的总体思路为研究九种适应性调整策略（可分为四种策略类型）在适应的三个阶段上被运用的合适性（对适应任务的解决的有利程度）。通过对比对照组和实验组在不同策略组合上的判断，来获得适合典型适应难题的外派适应策略组合。

本研究希望通过模拟策略运用模式，用多阶段适应中各期难题的实验任务来看策略运用模式的可行性与有效性，来评价不同组（控制组和实验组，它们的差异体现在适应策略的学习、运用上）在利用策略解决三阶段难题的合理性。

5.3 理论背景与假设研究

对于外派适应过程中的阶段性和阶段特征在前面的访谈研究和文献回顾中已经得到详细阐述。外派适应调整策略是指外派经理在磨合期、震荡适应期和发展掌握期三个阶段中应对相应难题任务，运用灵活性、冒险性、文化认同等多种策略，达到调整适应，取得典型难题解决的过程。外派研究中较少的研究文献涉及到外派适应调整的过程（Shrinivas，2004）。本文结合了 Lysgaard（1955）和 Torbiorn（1982）的"U"形动态模型假设，该模型以时间为 X 轴，以 Black 和 Mendenhall（1991）的适应调整水平为 Y 轴，将外派适应调整阶段分为若干阶段。在 Black（1991）的模型中，将外派调整分为蜜月期、文化震荡期、调整期和掌握期四个阶段；同时，结合第 2 章的访谈结果中关于外派经理的阶段描述，我们将外派适应调整阶段划分为三个阶段。因为根据第 2 章的访谈较少人认为存在三个以上阶段，较多人认为阶段性特征表现较强的阶段为刚派出时的磨合适应阶段，在该阶段充满新奇，对工作也充满希望和工作意愿，外派中任务绩效和周边绩效都呈现迅速提高状态，虽然很多人被派出初始阶段工作较为简单与常规。其次明显感受到的阶段为震荡适应阶段，大多数外派经理或弱或强地感受到适应当地人行为方式或工作方式的压力，比如对口头承诺的差异性认识。同时，也感受到生活和经济方面的变化带来的影响，比如家庭的支持、派出时职业生涯的考虑等问题都显得对适应中的绩效有影响。最后经历或长或短的时间后，外派经理逐渐通过改变工作方式和习惯差异性行为等方式来达到进一步的发展与掌握外派任务与工作环境变化。

与 Black（1991）的阶段性相比，第一个阶段具有共同性特征，比如外派经理倾向于寻找与派出前经验的相似性。同样，外派经理可能忽视大量的负面信息，以为外派适应情况良好。第二个阶段相对于文化震荡和适应期，外派经理的满意感和自我价值感经历由低到高的过程。在此，笔者用震荡适应期替代文化震荡和适应期是因为从第 2 章的访谈中发现很多外派经理难以区分震荡与开始适应的临界点，震荡和初步适应是一个反复的过程。因此，笔者将这种波折起伏的适应调整阶段统一为震荡适应期。最后，外派经理通过较长时间的适应后，逐渐达到绩效稳定，形成应对变化的策略模式。而对于外派调整适应阶段时间长短的研究，不同的研究得到的结论不同，根据 Black 和 Mendenhall（1991）的研究，蜜月期（本研究的磨合期）大约是 2 个月，而根据 Shrinivas（2004）等的研究，第一个阶段大约存在 12 个月的时间。另外，Shrinivas（2004）等认为需要 4 年才能完成震荡适应阶段，而 Shaffer（2003）等的研究认为外派适应调整从派出之初只需要 4 个月就能达到稳定阶段。笔者从第 2 章的访谈中发现，阶段特征较为清晰，但对阶段时间长短影响的因素太多。如外派适应受到组织（周边）、工作任务结构和个体因素三方面影响（Shrinivas，2004），外派阶段时间划分也受到诸如组织支持、个体特征、外派任务和文化差异等因素的影响。因此，本研究的焦点也从以往阶段特征描述转为适应阶段条件下对典型行为的反应或运用策略的模式上。

Van Oudenhoven（2001）等在研究外派策略中主要从外派经理与母公司和当地公司的关系出发来探讨外派经理的外派适应性调整策略。根据对母公司或当地公司的忠诚度来区分出外派经理的四种类型，并用九种外派适应策略来对这四种类型的外派经理进行区分。不同类别的外派经理因为与母公司或子公司的忠诚关系不同，将采取差异性的外派适应策略。比如灵活性和冒险性与自由代理类型联系在一起；外向性和文化认同与扎根的外派经理匹配；开放心态和行动导向与双重公民联系在一起；对公司承诺和坚韧性与作为派出公司代表的外派类型联系紧密。因此，不同类型的派出/派出公司认同带来的外派适应性调整策略具有显著差异。自由代理者喜欢新任务挑战，尝试新情境，会根据环境来随时调整目标，因此他们通常与灵活性和冒险精神联系在一起。扎根的外派经理喜欢在当地社会化适应，和当地人交朋友，具有和当地人一样的情感、思想、动机和行为，因此高的文化认同和外向性与他们联系在一起。作为派出公司代表的外派经理将派出公司放在第一位，将完成公司任务作为职责。他们通常对母公司的忠诚度很高，能够忍耐很多诱惑。最后，双重公民对本地公司员工和文化能够保持公平、没有偏见的态度，同时执行派出公司的工作目标。因此，他们通常具有开放思维和行为导向。笔者认为该研究具有与以往外派研究不同的特征，应从外派适应模式来研究外派适应调整问题，而不是以往较多地从影响因素出发来研究（Bonache、Brewster 和 Suutari，2001）。但该研究的结论与前期访谈有不一致的地方和需要进一步进行理论提升之处：从实际外派的案例来看，很多外派经理被派往外地，首先，经历了在异地进行创业的过程，工作任务的新异性或挑战性对他们的适应调整更为关键。其次，与母公司或子公司的关系也是动态变化的过程，这个忠诚关系的维持受到很多方面因素的影响。比如，组织支持、压力和当地工作条件与工作环境等都对外派适应调整有重要影响。而从理论提升上来看，Van Oudenhoven（2001）指出在进一步的外派研究中，需要运用人与环境匹配思路来研究不同类型的外派经理和环境（工作类型、组织和区域/文化）之间的关系。因此，笔者认为对于外派适应这种阶段性强、动态性强的概念进行研究，需要从更为基础的方面（比如，人与职位、人与任务和人与环境的匹配）来研究。而从匹配角度研究，需要了解典型工作任务难题或工作环境等对外派适应提出的要求；了解外派经理在应对外派适应难题等方面的策略模式。因此，本研究结合了 Shrinivas（2004）等关于外派适应调整阶段性的研究总结和 Van Oudenhoven（2001）等关于外派适应调整反应模式或策略运用等方面的研究来构思本研究，运用准实验设计来对阶段难题与阶段策略模式进行探讨。总的构思如图 5 - 1 外派适应阶段条件下的适应策略运用所示，灵活性、冒险性、外向性、文化认同、

图 5 - 1　外派适应阶段条件下的适应策略运用

开放心态、行动导向、承诺、坚韧性和情绪稳定九种策略被运用到磨合期难题、震荡适应期难题和发展掌握期难题的处理，并在难题处理绩效上表现出不同策略模式的差异性，从而确定适合特定适应调整阶段难题的策略模式的假设。最后，典型外派适应调整难题的处理绩效将会影响到外派绩效。因此，本研究从三个阶段来提出假设。在这些假设中，将对外派适应调整阶段确定合适的策略模式。

假设1：文化认同和开放心态策略组成的策略模式更适合于磨合期的外派适应调整，对完成该阶段的典型适应性难题能够获得更好的绩效。

假设2：情绪稳定和行动导向策略组成的策略模式更适合于震荡适应期的外派适应调整，对完成该阶段的典型适应性难题能够获得更好的绩效。

假设3：坚持不懈和信任承诺策略组成的策略模式更适合于发展掌握期的外派适应调整，对完成该阶段的典型适应性难题能够获得更好的绩效。

在验证假设中，我们将3个阶段的3种外派适应调整假设模式与由九种随机抽取的策略模式进行比较，得到适合于特定适应调整阶段的策略模式，从而验证提出的假设。

5.4 研究方法

5.4.1 研究取样和样本特征

本研究从杭州、山西、上海和海外等地具有跨地区经验业务的企业内随机抽取了25家异地经营的企业的67名外派经理进行研究。共发放实验组材料34份，控制组材料33份，全部收回。我们在实施调研中，在被试选取上，要求每个参与企业均包含大致相同的控制组和实验组参加研究人员的数目（因为部分公司外派经理较少，外派经理只能选做实验组或控制组材料），以部分保证两个组对照比较的可行性。控制组和实验组由具有一定时间的外派经理填写，以反映三个阶段外派适应调整策略。问卷如附录四所示，采取评价难题处理案例方式，要求参与实验组和控制组的外派经理对典型处理外派难题所采取的策略组合进行评价。

在实验材料的评价部分，采取记分方式，用 Likert7 点量表，评价了外派适应调整典型难题的策略运用可行性；策略运用的有效性；预计难题得到解决的程度和预计实施策略后所带来的工作绩效提升。被试的背景资料见表5-1。

表 5-1　被试者基本情况

性别			年龄			教育程度		
类别	人数	比例（%）	类别	人数	比例（%）	类别	人数	比例（%）
男	48	71.6	20~29	12	19.7	高中以下	11	16.4
女	16	23.9	30~39	20	32.8	大专	20	29.9
			40~49	14	23.9	大学	29	43.3
			>50	15	24.6	研究生	4	6.0
有效总数	64	95.5	有效总数	61	91.0	有效总数	64	95.5
缺失	3	4.5	缺失	6	9.0	缺失	3	4.5
职位层次			外派年限			管理年限		
类别	人数	比例（%）	类别	人数	比例（%）	类别	人数	比例（%）
基层	11	16.4	0~1年	1	2.7	0~3年	8	16.0
中层	32	47.8	1~2年	5	13.5	3~5年	14	28.0
高层	24	35.8	3~4年	13	35.1	5~10年	15	30.0
			5~6年	10	27.0	10~15年	14	28.0
			更长	8	21.6	更长	4	8.0
有效总数	67	100	有效总数	37	55.2	有效总数	50	74.6
缺失	0	0	缺失	30	44.8	缺失	17	25.4
公司规模			外派职能			当地公司人数		
类别	人数	比例（%）	类别	人数	比例（%）	类别	人数	比例（%）
<50人	13	26.0	市场	6	9.0	<10人	8	22.9
50~200人	14	28.0	销售	17	25.4	10~20人	5	14.3
200~500人	8	16.0	生产	2	3.0	20~50人	14	40.0
>500人	18	36.0	行政财务	20	29.9	50~100人	2	5.7
			协调关系	5	7.5	>100人	7	20.0
			所有职能	12	17.9			
有效总数	50	74.6	有效总数	62	92.5	有效总数	35	52.2
缺失	17	25.4	缺失	5	7.5	缺失	32	47.8

在被试者的行业分布上，有电子产品、纺织机械、服务、机电、煤炭、通信、医疗、咨询广告和商贸等行业。在实施测量中，我们将控制组材料和实验组材料邮寄到该被试者所在的公司，通过联系人来取得可供采样的被试者背景。然后从这些被试者中选取配对组（控制组和实验组在外派经历上大致相同，要求具有同性别、近似的外派年限和年龄等），由一半被试者完成控制组材料；一半被试者完成实验组材料。并且两组都看不到对方材料，在策略回收中，所有被试者的材料交由联系人，由联系人邮寄给研究者，进行下一个阶段分析。通过联系人的配合，不但可以保证两组被试者单独进行测量，而且保证了回收率。

我们对实验组和控制组的背景变量进行了差异性检验。通过比较实验组和控制组在年龄、外派年限、性别、管理年限等方面的差异，来说明被试者被分配到两个组进行研究基本达到平衡。从两组被试者在年龄上的差异性比较来看，χ^2 为 28.10，P 为 0.41，所以控制组和实验组在年龄上没有差异。从两组被试者在性别上的差异显著性检验来看，χ^2 为 0.084，P 为 0.77，因此控制组和实验组被试者在年龄上没有显著性差异。同理，从两组被试者在学历上的差异性比较来看，χ^2 为 3.69，P 为 0.297，因此学历背景不是两组的差异性特征。而从职位层次、工作职能和行业分布的差异性比较来看，χ^2 分别为 36.64、3.21 和 16.46，P 分别为 0.486、0.667 和 0.352，两组被试者在高、中、低层职位上的分布、从事工作职能和所处行业上比较一致，从整体上讲能够将两组被试者视为等同对照组。背景差异性分析中最主要的是比较实验组和控制组两组被试者在外派工作年限上的差异，我们得到 χ^2 为 18.90，P 为 0.09，因此，两组被试者在外派工作年限上的差异不显著。最后，我们分析了两组被试者在公司（母公司和子公司）规模和管理年限上的差异不显著。实验组和控制组在以上 9 个背景变量上的差异性不显著，是因为我们在抽样调研中采取了配对抽样的方法，通过熟悉公司人事的联系人的帮助，控制了所抽取的两组被试者在多个方面具有一致性。因此，从总体来说，实验组和控制组可以视为等同对照组。

5.4.2 准实验研究设计

实验研究在方法上具有严谨性，能够对组织过程进行研究（Greenberg 等，2004）。实验研究或准实验研究需要有三个前提条件：首先需要有能够对照的被试群体；其次，需要有研究者操作的实验条件在不同被试群体之间进行研究；最后，需要控制无关变异的影响（Cook 和 Campbell，1976）。如前所述，我们控制了被试者在实验组和控制组之间的差异，使两组被试者参加研究时可以被视为等同对照组。在此基础上，我们根据第 2 章访谈资料设计了任务材料和实验干预措施。在第 2 章的访谈研究中，收集了磨合期、震荡适应期和发展掌握期的多个适应性难题及其处理措施。实验干预措施为学习适应性策略资料，这个资料的设计旨在结合难题来学习适应策略的运用，用案例的方法来指导被试者学习适应性策略的运用。最后，通过难题处理来考查外派难题处理的绩效，并评价其中的策略运用情况。在此，我们操作了实验组的材料，将实验组的难题处理策略组合设计为与假设符合的策略组合。如在案例二中，我们将文化认同和开放心态组成的策略模式（另外包括两个其他跨阶段的策略：外向交流和灵活应对策略）设计到萧东在应对磨合期的外派适应调整难题中，并通过评价策略运用效果来比较随机策略组成的策略组合所带来的绩效，以此来证明假设 1 提出的策略组合对完成该阶段的典型适应性难题能够获得更好的绩效。

本研究总体上有三种策略运用模式；三个需要处理的难题。需要运用策略模式来处理这些难题，通过调研两群人（实验组和对照组）在处理难题中采取策略的差异，即通过外派经理评价处理的绩效（策略模式运用的可行性、有效性、难题解决程度和工作绩效提升）来反映外派适应策略组合的合适性。实验组阅读的材料是某人对难题处理采用假设正确的策略模式；控制组看的材料是某人对难题处理采取随机选取的策略模式。

实验组和控制组需要比较的是：实验组和控制组对两种处理方式（即两种策略组合对处理该阶段难题任务）的效果评价。被试者在仔细阅读实验材料后，需要评价这个人采用这种策略模式处理难题的可行性和有效性。在阶段策略组合比较的材料中，实验组和控制组的案例描述、策略评价问题与策略描述一致，只是实验组采取的是假设的策略组合模式（其中包括特定于该阶段的策略和跨阶段的策略），控制组采取的策略模式是特定于其他阶段的策略和跨阶段的策略。两者在策略的组合上跨阶段策略和特定于某阶段的策略各占一半。

为了确定实验组和控制组在策略组合的绩效评价上的差异来源于策略而不是来源于策略组合的提法或语言等问题，因为有可能是学习效应或研究效应带来的对照组与实验组差异。我们在三阶段案例前增加了一个跨阶段的难题，并设计了实验组和控制组相同的材料：同样的跨阶段适应难题和同样的跨阶段处理难题的策略组合。以比较可能带来的控制组和对照组本来的差异。这样的一般性难题设置的必要性在于控制具体的题目上可能带来的差异。

5.4.3 研究材料设计

为了结合实际问题的处理，对外派适应调整问题具有表面效度，我们运用了从实际外派调整中的问题，以及定义了9种策略及其所属阶段性（如表5-2所示）。其中对外派策略的表述来自于第2章的访谈研究，在对相似策略进行整理后得到了该表的定义，被试者能够根据这些定义描述来区分各种策略，评价该策略运用中的具体行为。表5-3的实验组和控制组研究思路主要包括三部分内容：难题设计思路、实验组策略组合设计和控制组策略组合设计。结合表5-2和表5-3可以看出，外派适应调整策略运用研究主要由这两部分作为支撑。难题设计是在总结第2章的结构化访谈材料基础上，根据文献对阶段性的总结，提取出了三个阶段的难题和跨阶段的难题，这些难题对应阶段来说，具有典型性的特点。比如阶段三难题主要围绕外派震荡期过去后获得提升中的问题，主要出现了职务提升和任务压力的增加，自身和家庭的适应基本解决，需要在工作上开拓局面、改革现状等。同时，在整合资源与控制风险、把握机遇等方面将遇到新的矛盾和阻力。

对应于这种典型任务，我们假设了一套策略组合来处理难题（如表5-4所示）。难题处理策略的来源部分来自于 Van Oudenhoven（2001）的外派适应调整策略研究和第2章的结构化访谈总结。笔者认为在阶段性上同时具有特定于该阶段的策略，也具有跨阶段的策略。因此，在表5-2的控制组和实验组策略组合设计中，我们在实验组材料中加入了特定于对应阶段的策略和跨阶段的策略来组合；在控制组中加入了特定于其他阶段的策略和跨阶段策略来进行组合。在这里，文化学习策略和开发心态策略特定于磨合期的外派适应调整难题处理；情绪稳定性和任务导向性特定于震荡适应期的外派适应难题处理；而信任承诺策略与坚持不懈策略特定于发展掌握期的外派适应难题处理。而灵活调整策略、承担挑战策略和外向交流策略具有跨阶段性，也就是说在不同阶段的难题处理中，比如在震荡适应期的适应不良问题和发展掌握期的提升业绩难题中都可能采用到这几种策略。在第 2 章的围绕关键事件的结构化访谈中，外派经理们在不同阶段都可能选择这些策略。

表 5 - 2　实验组和控制组研究材料设计思路（1）

阶段难题	外派典型适应性难题要点	应对难题的策略组合（实验组）	应对难题的策略组合（控制组）
发展掌握期难题：变革提升难题	该阶段难题的表述是以吴俊在外派提升阶段进行的适应性调整案例为背景，指出该难题的难点在于： ➢ 承担新任务和职务提升； ➢ 业务的增长压力和任务压力的增加； ➢ 希望有更多思路来抓住机遇，加快事业的发展； ➢ 工作计划与现状的矛盾； ➢ 改革的必要与整合资源时遇到的阻力； ➢ 机遇把握与风险控制； ➢ 如何提高整个队伍的工作能力的压力。	在处理该难题中，运用了： （1）外向交流策略； （2）坚持不懈策略； （3）信任与承诺策略； （4）承担挑战策略。 其中，策略（2）和策略（3）是该阶段特有的可行策略；策略（1）和策略（4）是跨阶段的可行策略	在处理该难题中，运用了： （1）开放心态策略； （2）灵活调整策略； （3）行动导向策略； （4）灵活调整策略。 其中，策略（1）和策略（3）是适用于磨合期和震荡适应期的策略，而策略（2）和策略（4）是跨阶段的策略
跨阶段难题：人际交流难题	该阶段难题的表述是以乐天在外派的所有三个阶段都可能遇到的适应性调整难题为案例，指出该难题的难点在于： ➢ 与当地人交流、沟通问题； ➢ 沟通中的矛盾； ➢ 关系处理和利益交换； ➢ 同事共事关系。	在处理该难题中，运用了： （1）任务导向策略； （2）外向交流策略； （3）文化认可学习策略； （4）灵活调整策略。 这四个策略是随机抽取出的策略组合	与实验组同

表 5 - 3　实验组和控制组研究材料设计思路（2）

阶段难题	外派典型适应性难题要点	应对难题的策略组合（实验组）	应对难题的策略组合（控制组）
磨合期难题：融入磨合问题	该阶段难题的表述是以萧东在外派初始阶段进行的适应性调整案例为背景，指出该难题的难点在于： ➤ 刚被派出时，面临做事方式的转变； ➤ 与当地人交流、处事难以适应； ➤ 承诺、协议和做事方式的不同； ➤ 共事关系与组织内非正式关系； ➤ 寻找新的工作规律	在处理该难题中，运用了： （1）文化认可学习策略； （2）外向交流策略； （3）开放心态策略； （4）灵活调整策略 其中，策略（1）和策略（3）是该阶段特有的可行策略；策略（2）和策略（4）是跨阶段的可行策略	在处理该难题中，运用了： （1）信任与承诺策略； （2）承担挑战策略1； （3）情绪稳定策略； （4）承担挑战策略2 其中，策略（1）和策略（3）是适用于震荡适应期和发展掌握期的策略，而策略（2）和策略（4）是跨这两个阶段的策略
震荡适应期难题：工作模式选择难题	该阶段难题的表述是以项宁在外派震荡阶段进行的适应性调整案例为背景，指出该难题的难点在于： ➤ 新鲜感的失去，开始在改善、适应新模式上犹豫； ➤ 业绩起伏不定，工作态度有所降低； ➤ 工作环境与工作难度提高； ➤ 工作推进中感觉需要对更多新情况适应； ➤ 不同层次的沟通存在信息不一致问题	在处理该难题中，运用了： （1）行动导向策略； （2）灵活调整策略； （3）情绪稳定策略； （4）承担挑战策略。 其中，策略（3）和策略（1）是该阶段特有的可行策略；策略（2）和策略（4）是跨阶段的可行策略	在处理该难题中，运用了： （1）外向交流策略； （2）坚持不懈策略； （3）文化认可策略； （4）外向交流策略。 其中，策略（2）和策略（3）是适用于磨合期和发展掌握期的策略，而策略（1）和利策略（4）是跨阶段的策略

表 5 - 4　策略定义及其阶段性

策略	策略名	阶段	定义
文化认同	文化学习策略	磨合期	学习他们的先进理念、工作作风和做事的决策。主动学习与当地人打交道的方式，掌握新岗位的工作规律（影响业绩的关键因素）
开放心态	开放心态策略	磨合期	文化融入、平等相待，不要将差异扩大，认可对方的优点。了解他们的文化，慢慢融进去，了解背景、生活习惯、行为习惯，认可他们的优点
情绪稳定	情绪稳定策略	震荡适应期	敢于否定自身负面的东西。站在第三方的角度，思考自己的行动
行动导向	任务导向策略	震荡适应期	就事论事，在制定目标、制定相应措施、进行执行与督促中，对事不对人，以业绩为重。提高自己的理论水平和实际操作能力
承诺	信任与承诺策略	发展掌握期	争取关键人物的信任赏识，工作上表现出派出公司价值观、文化和利益考虑
坚韧性	坚持不懈策略	发展掌握期	不断提升培训、学习，提高团队素质；在实施计划中，容忍改革、调整带来的困难
灵活性	灵活调整策略	跨阶段	多些反省，多视角看，首先看自己的不足，主动调适、适应的心理准备，让双方产生和谐关系。同时运用权力、妥协和沟通等方式，拉近之间的价值观，规避做事差异带来的问题
冒险性	承担挑战策略	跨阶段	遇到困难和阻力，从提出更为细致的想法和行动方案出发，解决难题，获取信任。发现和抓住机遇，抢先发展。开拓事业，走出去，到别的行业、区域发展，总结采用好的经验
外向性	外向交流策略	跨阶段	进行业务沟通和感情上的交流，征求员工的意见，反映出他们心里想的什么，存在什么真实困难。从多方面的信息中找到影响业绩的关键因素，分析这些因素，动员整合各方面的资源

　　在评价难题处理中策略运用得当与否时，我们采用了四个项目来评价策略组合的运用情况：策略运用的可行性、策略运用的有效性、预计难题得到解决的程度以及预计实施策略后所带来的工作绩效提升。这四个项目采用 Likert7 点量表，由低到高表示策略组合运用的优劣程度。

5.4.4 统计分析方法

数据分析采用统计软件 SPSS13.0 for Windows 进行，统计方法主要运用了描述性统计，相关分析、差异性比较等统计方法。在统计分析之初，笔者对数据进行了整理。

5.5 结果分析

本研究的数据分析主要在于比较实验组和控制组在评价相同外派适应难题的处理策略组合上的差异。因此，两组被试者在不同案例难题的策略运用上的差异成为主要的分析对象。首先，需要确定两组被试者在共同跨阶段性难题处理策略组合的评价上的一致性，确定两组被试者对于评价外派适应难题处理的策略运用的等同性。其次，在确定两组被试者对于等同问题的差异性不显著之后，分析在外派适应的磨合期、震荡适应期和发展掌握期的难题处理的策略运用上的差异性。同时，比较四个评价指标的关系。最后，比较不同背景的外派在处理跨阶段适应难题中策略运用上的差异性。

5.5.1 实验组和控制组被试者等同性分析

为了获得实验组和控制组的等同性，我们在研究材料中设计了部分相同的材料，以便获得两组被试者对研究材料的一致性反应。以相同的外派适应难题及其解决的策略组合作为实验组和控制组共同的评价任务，是为了获得两组在这些评价上的基准水平。如果两组对于同样的研究材料做出一致的判断，那么两组在不同材料上的判断就来源于研究材料，而不是两组被试者本身在判断模式上存在差异。如上所述，实验组和控制组的评价判断材料共有四个部分，每部分都包括了案例（难题）的阐述、外派适应调整策略组合和评价判断任务。其中第一部分为共同的判断评价任务，其余三部分为三阶段典型外派适应调整任务，这些部分的判断评价任务具有相同的难题描述和策略描述，不同之处在于策略组合不同。

策略的组合根据本研究的假设在表 5 - 4 中进行了表述。

实验组和控制组在第一部分评价判断任务上的差异性分析构成了两组被试者等同性的分析。我们分别对两组被试者在案例一的外派适应调整难题（人际关系处理难题）上的四个项目的评价进行了差异性比较。

通过分析发现：总体来看，实验组和控制组在对于相同评价问题的判断上，实验组要大于控制组的判断，但对策略组合的评价判断差异性不显著，因此，可以认为实验组和控制组在判断模式上具有相同的基准。可以视为等同组，进行外派适应调整阶段难题的策略组合判断能够保证差异不来自于实验组和控制组本身的差异。如表 5 - 5 所示，评价项目中实验组和控制组对策略运用的可行性、策略运用的有效性以及预计实施策略后所带来的工作绩效提升三个项目的评价的差异不显著，但对预计难题得到解决的程度出现 0.05 水平的显著性差异。因此需要进一步通过相关分析来说明策略绩效评价各个项目之间的关系。

表 5 - 5　控制组和实验组对第一部分（案例一）的策略组合进行判断的差异性比较

评价项目	组别	平均值	标准差	差异性检验	显著性水平
可行性	实验组	4.89	1.25	2.241	0.139
	控制组	4.43	1.19		
有效性	实验组	5.20	1.21	0.220	0.641
	控制组	5.06	1.19		
解决程度	实验组	5.26	1.09	4.463	0.038 *
	控制组	4.66	1.23		
绩效提升	实验组	5.54	0.98	2.228	0.140
	控制组	5.16	1.13		

注：实验组为 35 人，控制组为 32 人；** 为 0.01 显著性水平，* 为 0.05 显著性水平。

从实验组和控制组的相关矩阵来看（如表 5 - 6、表 5 - 7 所示），控制组被试者内得到的相关显著性较少；实验组除了绩效提升和可行性项目不存在显著相关外，其他都有中等或高的相关系数。分析不同绩效指标的相关系数是为了说明从不同绩效指标（有效性、可行性、解决难题程度和绩效提升）角度评价策略组合运用于典型外派难题的合适性。如果各个指标之间具有较高的相关，那么则说明策略运用合适性具有较为普遍的一致，可以说得到的合适性从不同角度来看是稳定的。

表 5−6　实验组、控制组被试者对于适应策略组合绩效评价项目之间的关系

评价项目	可行性	有效性	解决程度	绩效提升
可行性	1	0.27	0.56 **	0.16
有效性	0.37 *	1	0.27	0.30
解决程度	0.54 **	0.47 **	1	0.38 **
绩效提升	0.28	0.49 **	0.41 *	1

注：实验组为35人，控制组为32人；** 为0.01 显著性水平，* 为0.05 显著性水平。

表 5−7　所有被试者对于适应策略组合绩效评价项目之间的关系

评价项目	可行性	有效性	解决程度
有效性	0.38 **		
解决程度	0.59 **	0.47 **	
绩效提升	0.28 *	0.43 **	0.46 **

注：所有被试为67人；** 为0.01 显著性水平，* 为0.05 显著性水平。

从实验组和控制组总体被试者来看，策略运用的可行性、策略运用的有效性、预计难题得到解决的程度以及预计实施策略后所带来的工作绩效提升四个项目的评价相关性很强。但能否用这四个评价项目作为变量区别所有被试者呢？即被试者所在实验组或控制组的归属性质能否用四个项目来区分，也就是说如果任何一个被试者能够被这四个项目区分为实验组或控制组（可能因为实验效应，被分到实验组的被试者评价判断反应就本能地与控制组不同），而区分他们的变量或特征是这四个项目，那么我们需要用辨别分析法来得到区分的函数和区分函数的显著性水平。因此，我们用辨别分析法来试图建立能够区分实验组被试者和控制组被试者的两个辨别函数。

我们最终只能得到一个辨别函数，Wilks's Lambda 值为 0.93；χ^2 为 4.62，显著性水平为 0.329。因此不能有效地采用一个辨别函数来区分被试者为实验组或控制组被试者。策略运用的可行性、策略运用的有效性、预计难题得到解决的

程度以及预计实施策略后所带来的工作绩效提升四个项目不能用于区分被试者。也就是说它们对于被试者来说，是一个整体评价构思的四个要素，可以视为一致的项目。另外，我们对这四个项目的内部一致性进行了分析，得到 α 系数为 0.75 （样本量为 67）。在减少项目的情况下，α 系数都将减小。因此，可行性、有效性和绩效提升等指标的内部具有较高的一致性。

5.5.2　两组被试者对磨合期适应调整的策略组合运用的差异性分析

如前述分析中所指出的，实验组和控制组在评价共同的外派适应调整难题及其应对策略组合中表现出无显著差异，我们需要在进一步的研究中来确定在各个阶段条件下对应难题处理中特定于该阶段策略的组合要优于其他随机策略的组合。确定阶段性和阶段匹配策略的目的在于有效应用于提高外派经理在应对动态条件下阶段适应调整难题的能力。

在外派适应阶段的磨合期，我们设置了进入融入磨合难题。根据假设 1，相对于信任承诺策略、情绪稳定策略和跨阶段策略组成的策略模式，由文化认同、开放心态和跨阶段策略组成的策略模式更适合于磨合期的外派适应调整，对完成该阶段的典型适应性难题能够获得更好的绩效。

表 5 - 8　控制组和实验组对第一部分（案例二）的策略组合进行判断的差异性比较

评价项目	组别	平均值	标准差	差异性检验	显著性水平
可行性	实验组	4.94	1.23	4.809	0.032 *
	控制组	4.34	0.97		
有效性	实验组	5.26	1.07	9.292	0.003 **
	控制组	4.44	1.13		
解决程度	实验组	5.54	1.24	16.682	0.000 **
	控制组	4.53	1.03		
绩效提升	实验组	5.66	1.24	4.076	0.048 *
	控制组	5.09	1.03		
项目平均值	实验组	5.35	0.85	14.84	0.000 **
	控制组	4.60	0.73		

注：实验组为 35 人，控制组为 32 人；** 为 0.01 显著性水平，* 为 0.05 显著性水平。

通过表 5 - 8 的分析发现：总体来看，实验组和控制组在对于相同评价问题的判断上，实验组显著大于控制组的判断。因此，可以认为实验组和控制组在评价判断策略模式组合上具有显著差异性。因为实验组的策略模式是适应于磨合期的策略（文化认同和开放心态策略）和跨阶段策略组成的策略组合，而控制组评价的策略组合是跨阶段策略组合和不适合于该阶段的策略（信任承诺和情绪稳定策略）所组成的策略组合，所以通过上述差异性比较可以得到：文化认同和开放心态组成的策略模式更适合于磨合期的外派适应调整，对完成该阶段的典型适应性难题能够获得更好的绩效。而本研究中已经通过 5.5.1 实验组和控制组被试者等同性分析得到了实验组和控制组的差异不来自于实验组和控制组本身评价判断模式差异，而来源于实验组和控制组材料。如表 5 - 8 所示，评价项目中实验组和控制组对策略运用的可行性、策略运用的有效性、对问题解决的程度以及预计实施策略后所带来的工作绩效提升 4 个项目的评价的差异均达到显著性水平。

从实验组和控制组的相关矩阵来看（如表 5 - 9、表 5 - 10 所示），实验组对策略运用的可行性和策略运用的有效性的评价有显著相关，有效性和工作绩效提升有显著相关，而预计难题解决程度与绩效并无显著相关。从内部一致性分析得到：α 系数为 0.73，在删减任何一个评价项目时，α 系数都减小。对于控制组来说，除了绩效提升和可行性相关不显著外，其他都有紧密的相关。控制组的内部一致性较低，α 系数为 0.65。

表 5 - 9　实验组、控制组被试者对于适应策略组合绩效评价项目之间的关系

评价项目	可行性	有效性	解决程度	绩效提升
可行性	1	0.39*	0.39*	0.31
有效性	0.48**	1	0.56**	0.61**
解决程度	0.32	0.32	1	0.71**
绩效提升	0.17	0.35*	0.33	1

注：实验组为 35 人，控制组为 32 人；** 为 0.01 显著性水平，* 为 0.05 显著性水平。

表 5 – 10 所有被试者对于适应策略组合绩效评价项目之间的关系

评价项目	可行性	有效性	解决程度
有效性	0.44 **		
解决程度	0.38 **	0.44 **	
绩效提升	0.26 *	0.49 **	0.56 **

注：所有被试者为 67 人。** 为 0.01 显著性水平，* 为 0.05 显著性水平。

从实验组和控制组总体被试者来看，策略运用的可行性、策略运用的有效性、预计难题得到解决的程度以及预计实施策略后所带来的工作绩效提升四个项目的评价相关性很强。我们对这四个项目的内部一致性进行了分析，得到 α 系数为 0.75（样本量为 67）。在减少项目的情况下，α 系数都将减小。因此，策略运用的可行性、策略运用的有效性、预计难题得到解决的程度以及预计实施策略后所带来的工作绩效提升四个指标的内部具有较高的一致性。

因此，5.5.2 的磨合期外派调整策略组合运用的差异性分析表明文化认同、开放心态和跨阶段策略组成的策略模式相对于情绪稳定和信任承诺组成的策略模式更适合于磨合期的外派适应调整，对完成该阶段的典型适应性难题能够获得更好的绩效。从可行性、有效性、难题解决程度和绩效提升四个指标来看具有一致性，可以得到假设 1 的结论可靠。

5.5.3　两组被试者对震荡期适应调整的策略组合运用的差异性分析

如上对外派适应调整磨合期的策略模式进行的实验组和控制组差异性分析，我们对震荡适应期和发展掌握期的策略组合模式进行了类似分析，以确定适合动态条件下阶段适应调整难题的策略组合。

在外派适应阶段的震荡适应期，我们设置了进入工作模式选择难题。根据假设 2，相对于文化认可、坚持不懈策略和跨阶段策略组成的策略模式，由情绪稳定、行动导向和跨阶段策略组成的策略模式更适合于震荡适应期的外派适应调整，对完成该阶段的典型适应性难题能够获得更好的绩效。

表5-11　控制组和实验组对第一部分（案例三）的策略组合进行判断的差异性比较

评价项目	组别	平均值	标准差	差异性检验	显著性水平
可行性	实验组	5.48	1.22	5.724	0.020 *
	控制组	4.75	1.30		
有效性	实验组	5.28	0.98	6.769	0.011 *
	控制组	4.59	1.18		
解决程度	实验组	5.65	1.11	4.502	0.038 *
	控制组	5.09	1.06		
绩效提升	实验组	5.31	1.25	2.409	0.126
	控制组	4.87	1.04		
项目平均值	实验组	5.44	0.86	0.9164	0.004 **
	控制组	4.83	0.78		

注：实验组为35人，控制组为32人；** 为0.01显著性水平；* 为0.05显著性水平。

通过表5-11的分析发现：总体来看，实验组和控制组在对于相同评价问题和不同策略组合运用的判断上，实验组显著大于控制组的判断。因此，可以认为实验组和控制组在评价判断策略模式组合上具有显著差异性。因为实验组的策略模式是适应于震荡适应期的策略（情绪稳定和行动导向策略）和跨阶段策略组成的策略组合，而控制组评价的策略组合是跨阶段策略组合和不适合于该阶段的策略（文化认可和坚持不懈策略）所组成的策略组合，所以通过上述差异性比较可以得到：情绪稳定和行动导向组成的策略模式更适合于磨合期的外派适应调整，对完成该阶段的典型适应性难题能够获得更好的绩效。而5.5.3的分析已经通过5.5.1实验组和控制组被试者等同性分析得到了实验组和控制组的差异不来自于实验组和控制组本身评价判断模式差异，而来源于实验组和控制组材料。如表5-11所示，评价项目中实验组和控制组对策略运用的可行性、策略运用的有效性和对问题解决的程度三个项目的评价的差异均达到显著性水平。而预计绩效提升指标上实验组和控制组的差异性不显著。可能是因为震荡适应期绩效更为复杂，包括多方面的工作任务和周边促进工作。

表 5 – 12　实验组、控制组被试者对于适应策略组合绩效评价项目之间的关系

评价项目	可行性	有效性	解决程度	绩效提升
可行性	1	0.04	0.21 *	0.46 **
有效性	0.61 **	1	0.24	0.48 **
解决程度	0.41 *	0.33	1	0.39 *
绩效提升	0.20	0.47 **	0.48 **	1

注：实验组为 35 人，控制组为 32 人。** 为 0.01 显著性水平；* 为 0.05 显著性水平。

从实验组和控制组的相关矩阵来看（如表 5 – 12、表 5 – 13 所示），实验组对策略运用的可行性和绩效提升上评价相关不显著。而有效性和难题解决程度上的相关不显著在控制组被试者中也存在。从内部一致性分析得到：α 系数为 0.73，在删减任何一个评价项目时，α 系数都减小。控制组的内部一致性较低，α 系数为 0.62，可行性指标对内部一致性的提高无促进作用。

表 5 – 13　所有被试者对于适应策略组合绩效评价项目之间的关系

评价项目	可行性	有效性	解决程度
有效性	0.36 **		
解决程度	0.36 **	0.34 **	
绩效提升	0.35 **	0.49 **	0.47 **

注：所有被试为 67 人；** 为 0.01 显著性水平，* 为 0.05 显著性水平。

从实验组和控制组总体被试来看，策略运用的可行性、策略运用的有效性、预计难题得到解决的程度以及预计实施策略后所带来的工作绩效提升四个项目的评价相关性很强。我们对这四个项目的内部一致性进行了分析，得到 α 系数为 0.72（样本量为 67）。在减少项目的情况下，α 系数都将减小。因此，策略运用的可行性、策略运用的有效性、预计难题得到解决的程度以及预计实施策略后所带来的工作绩效提升四个指标的内部具有较高的一致性。

因此，5.5.3 的震荡适应期外派调整策略组合运用的差异性分析表明情绪稳定、行动导向和跨阶段策略组成的策略模式相对于文化认同和坚持不懈组成的策略模式更适合于震荡适应期的外派适应调整，对完成该阶段的典型适应性难题能够获得更好的绩效。从可行性、有效性、难题解决程度和绩效提升四个指标来看具有一致性，可以得到假设2的结论可靠。

5.5.4 两组被试者对发展期适应调整的策略组合运用的差异性分析

如上对外派适应调整磨合和震荡适应期的策略模式进行的实验组和控制组差异性分析，发展掌握期是外派工作趋于稳定，工作绩效进一步提升的阶段，我们对发展掌握期的策略组合模式进行了类似分析，以确定在较长时间外派工作后能够获得稳定成长的外派经理对于适合该阶段适应调整难题的策略组合。

在外派适应阶段的发展掌握期，我们设置了进入工作模式选择难题。根据假设3，相对于开放心态、行动导向策略和跨阶段策略组成的策略模式，由坚持不懈和信任承诺策略和跨阶段策略组成的策略模式更适合于发展掌握期的外派适应调整，对完成该阶段的典型适应性难题能够获得更好的绩效。

表5–14 控制组和实验组对第一部分（案例四）的策略组合进行判断的差异性比较

评价项目	组别	平均值	标准差	差异性检验	显著性水平
可行性	实验组	4.94	1.16	4.477	0.038 *
	控制组	4.34	1.15		
有效性	实验组	5.14	0.91	2.548	0.115
	控制组	4.78	0.94		
解决程度	实验组	5.22	1.13	3.982	0.050 *
	控制组	4.65	1.21		
绩效提升	实验组	5.31	1.25	2.409	0.126
	控制组	4.87	1.04		
项目平均值	实验组	5.25	0.75	9.164	0.004 **
	控制组	4.67	0.84		

注：实验组为35人，控制组为32人；** 为 0.01 显著性水平，* 为 0.05 显著性水平。

通过表 5 – 14 的分析发现：总体来看，实验组和控制组在对于相同评价问题和不同策略组合运用的判断上，实验组显著大于控制组的判断。因此，可以认为实验组和控制组在评价判断策略模式组合上具有显著差异性。因为实验组的策略模式是适应于发展掌握期的策略（坚持不懈和信任承诺策略）和跨阶段策略组成的策略组合，而控制组评价的策略组合是跨阶段策略组合和不适合于该阶段的策略（开放心态和行动导向策略）所组成的策略组合，所以通过上述差异性比较可以得到：坚持不懈和信任承诺策略组成的策略模式更适合于发展掌握期的外派适应调整，对完成该阶段的典型适应性难题能够获得更好的绩效。而 5.5.4 的分析已经通过 5.5.1 实验组和控制组被试者等同性分析得到了实验组和控制组的差异不来自于实验组和控制组本身评价判断模式差异，而来源于实验组和控制组材料。如表 5 – 14 所示，评价项目中实验组和控制组对策略运用的可行性和对问题解决的程度两个项目的评价的差异均达到显著性水平。而策略运用有效性和预计绩效提升指标上实验组和控制组的差异性不显著。

表 5 – 15　实验组、控制组被试者对于适应策略组合绩效评价项目之间的关系

评价项目	可行性	有效性	解决程度	绩效提升
可行性	1	0.46 **	0.44 *	0.38 *
有效性	0.34 *	1	0.47 **	0.45 *
解决程度	0.43 **	0.11	1	0.30
绩效提升	0.47 **	0.48 *	0.08	1

注：实验组为 35 人，控制组为 32 人；** 为 0.01 显著性水平，* 为 0.05 显著性水平。

从实验组和控制组的相关矩阵来看（如表 5 – 15、表 5 – 16 所示），实验组对策略运用的有效性和难题解决程度上评价相关不显著。而绩效提升和难题解决程度上的相关不显著在控制组被试者中存在。从内部一致性分析得到：α 系数为 0.65，在删减难题解决程度指标时，α 系数提高为 0.68。控制组的内部一致性较低，α 系数为 0.73。

表 5 - 16　所有被试者对于适应策略组合绩效评价项目之间的关系

评价项目	可行性	有效性	解决程度
有效性	0.43 **		
解决程度	0.47 **	0.32 **	
绩效提升	0.47 **	0.49 **	0.26 *

注：所有被试为 67 人；** 为 0.01 显著性水平，* 为 0.05 显著性水平。

从实验组和控制组总体被试来看，策略运用的可行性、策略运用的有效性、预计难题得到解决的程度以及预计实施策略后所带来的工作绩效提升四个项目的评价相关性很强。我们对这四个项目的内部一致性进行了分析，得到 α 系数为 0.73（样本量为 67）。在减少项目的情况下，α 系数都将减小。因此，策略运用的可行性、策略运用的有效性、预计难题得到解决的程度以及预计实施策略后所带来的工作绩效提升四个指标的内部具有较高的一致性。

因此，5.5.4 的发展掌握期外派调整策略组合运用的差异性分析表明坚持不懈、信任承诺和跨阶段策略组成的策略模式相对于开放心态和行动导向组成的策略模式更适合于发展掌握的外派适应调整，对完成该阶段的典型适应性难题能够获得更好的绩效。从可行性、有效性、难题解决程度和绩效提升四个指标来看具有一致性，可以得到假设 3 的结论可靠。

5.6　研究小结与讨论

根据 Haslberger（2005）的总结，外派过程是一个动态复杂的过程，就像混沌理论中的不可逆、分叉、前提重要性、均衡和波折等概念指出的一样，外派适应调整也是阶段性的过程，其中从个体层面来研究外派阶段性较难得到普遍的适应模式。然而，用阶段难题及其处理策略的角度来看，更容易寻找对阶段性适应调整问题起关键作用的因素。从磨合期、震荡适应期和发展掌握期的关键难题及其应对策略出发来研究外派适应性调整问题不但有助于提高外派经理适应调整的难题应对能力与适应能力；也有助于提高在适应调整过程中的自我效能感、积极的情绪影响和对进入下一个阶段的信心。

外派调整策略对外派适应具有重要意义，作为外派调整的核心模式，其他组织周边因素、个体因素和任务因素等对外派策略产生作用，然后才能得到理想的外派绩效。研究中使用关键事件能够帮助理解复杂工作任务（Fountain，1999），对于关键事件的处理能够影响外派适应绩效，因为关键事件是对绩效起关键作用的成功或不成功事件（Flanagan，1954）。外派适应策略运用是外派适应过程的中介过程，直接关系到外派前提因素对外派绩效的作用效果。本研究主要关注外派适应调整的阶段性特征及其对阶段典型难题的策略组合。为确定假设适应调整组合的合适性，本研究比较了实验组和控制组适应调整策略模式判断评价上的差异性，以确定适应调整的阶段策略模式。

本研究将 9 种外派适应调整类型（Van Oudenhoven，2001）根据第 2 章访谈和文献总结（Shrinivas，2004）进行了阶段性区分，将它们分为特定于磨合期策略、特定于震荡适应策略、特定于发展掌握期策略和跨阶段策略。并采取准实验设计来研究策略模式组合在适应的三个阶段上被运用的合适性（对适应任务解决的有利程度）。通过对比对照组和实验组在不同策略组合上的判断，来获得适合典型适应难题的外派适应策略组合。本研究通过模拟策略运用模式，用三阶段各期难题的实验任务来看策略运用模式的可行性与有效性，来评价不同组（控制组和实验组，它们的差异体现在适应策略的学习、运用上）在利用策略解决三阶段适应中难题的合理性。

本研究得到在磨合期，实验组的策略模式是适应于磨合期的策略（文化认同和开放心态策略）和跨阶段策略组成的策略组合，而控制组评价的策略组合是跨阶段策略组合和不适合于该阶段的策略（信任承诺和情绪稳定策略）所组成的策略组合，通过两组的差异性比较可以得到：文化认同和开放心态组成的策略模式更适合于磨合期的外派适应调整，对完成该阶段的典型适应性难题能够获得更好的绩效。同理，震荡适应期外派调整策略组合运用的差异性分析表明情绪稳定、行动导向和跨阶段策略组成的策略模式相对于文化认同和坚持不懈组成的策略模式更适合于震荡适应期的外派适应调整，对完成该阶段的典型适应性难题能够获得更好的绩效。发展掌握期外派调整策略组合运用的差异性分析表明坚持不懈、信任承诺和跨阶段策略组成的策略模式相对于开放心态和行动导向组成的策略模式更适合于发展掌握期的外派适应调整，对完成该阶段的典型适应性难题能够获得更好的绩效。

另外，不同评价指标能够进行整合来说明策略组合运用的合适性。从策略运用可行性、策略运用有效性、解决外派适应难题的程度和对以后绩效的提升作用四个指标来看具有一致性，从而说明实验组和控制组差异的稳定性。

第6章 结 论

　　本书主要以外派适应为核心进行四个方面的研究。第 2 章的预访谈对与外派适应有关的因素进行了研究，主要涵盖了外派人力资源管理、外派选拔、外派支持以及影响三方面适应的因素等。通过案例分析了解各个外派经理的适应经历，而结构化关键事件访谈主要从多个阶段来了解外派适应中运用的策略组合。第 3 章从外派经理与组织的心理契约与期望满足角度来研究人与组织关系对外派绩效的促进作用。第 3 章探讨了外派适应中交易型与关系型关系组合模式和外派绩效的关系，从外派适应角度来说，外派经理适应的绩效体现在个体成长、业务拓展等四个方面，这些受到组织与个人的关系，也就是期望满足的影响。第 4 章从外派适应的内部模式出发，研究影响外派适应四种模式的角色认知、组织支持、外派任务和上下级关系等因素的作用机制。第 5 章采用准实验方法从多阶段适应角度来确定外派适应策略组合的合适性，这种合适性是以外派难题处理的合理性、可行性和外派难题解决作为评价指标的，也就是第 5 章确定的外派适应策略组合与外派绩效进行的关联评价。总体来看，本研究从外派适应角度来构建外派适应模式与策略，并对影响外派适应模式与策略的多个变量进行整体分析。

　　跨地区经营公司外派经理不但是对跨地区市场加强控制、提供专业服务，也是建立跨地区经营竞争力的手段（Rosenzweig，1994；Forster，2000）。首先，跨地区人力资源管理能力成为跨地区经营成功与否的关键因素，跨地区经营的公司为了减少外派不成功带来的直接或间接损失，需要在派遣经理之初、之中和之后提高公司管理外派经理的能力。其次，管理上优先安排外派经理返回后的工作安排。最后，组织各个角色提供外派经理适应一定工作的专业咨询，对外派经理的福利、薪资、任务再分配、安全与法律问题提供支持（Chew，2004）。

外派研究一直是国内外理论研究和跨地区经营实践非常关注的问题，外派研究主要集中在三个方面，首先是跨地区外派的人力资源管理问题；其次是外派过程中的问题；最后是外派反应或再次外派反应问题（Werner，2002）。外派经理绩效不佳和提前返回都和跨地区工作的适应能力有关，而与专业技术能力无关（Andreason，2003）。但对于外派适应性调整的研究在 Shrinivas（2004）的外派适应调整总结中得到，外派阶段性主要是 Black（1991）的"U"形四阶段理论。其中外派阶段适应性调整中的适应策略研究很少，除了 Van Oudenhoven 等（2002）对于外派类型和策略运用的研究外，很少有研究涉及外派适应调整阶段性和外派策略运用的问题。

外派适应调整过程从招聘、选拔和培训开始，都建立在对组织需求和外派任务要求的准确评价上（Andreason，2003）。在外派开始之初，对外派适应绩效有影响的因素主要是以往的外派经验和个体特征。在被派出的每个阶段，工作、培训、文化新异性和各方面的支持因素都能影响到外派绩效的不同方面。

因此，本书在提取适合外派调整阶段性的外派适应难题及其策略基础上，进行了更为精细的定量研究。国内关于外派的研究主要有海员外派问题、外派培训问题、公司外派战略和资深外派等问题，其中以理论探讨为多，较少涉及模型构建与对比研究。本研究主要围绕外派经理适应性调整模式进行构思，对影响外派绩效的心理契约与期望进行了第 3 章的定量研究；对影响外派适应调整的多个因素，如外派工作任务、组织支持、角色认知与外派中领导与成员关系等对适应调整模式的影响进行了研究。本书在两个阶段访谈研究基础上，定性探讨了外派中的跨地区经营模式与外派策略和外派经理管理，在结构化关键事件访谈中从 ASD 理论（Wang，1997）出发研究了外派适应的磨合期、震荡适应期和发展掌握期三阶段外派适应调整策略的模式。对特定于这三个阶段和跨阶段的适应策略进行了准实验研究，研究确定了跨阶段难题所必需的策略模式。

在前述文献总结回顾的基础上，本书重点研究了下述问题：①在第 2 章采用半结构化访谈法和结构化关键事件访谈技术，通过案例组合总结分析了外派企业管理外派经理的方式、外派适应一般问题及其影响因素，另外，针对外派适应调整的阶段性进行了关键事件及其策略收集。②在第 3 章采用问卷调查方法，验证了外派绩效的四个方面（个人内部成长、个人职业发展、组织业务拓展、组织社会形象）。验证了期望匹配程度与绩效的关系。③在第4章探讨了影响外派适应调整的多个影响因素的作用，在第4章的整合模型中，构建了外派适应调整的作用机制。④在第5章通过准实验研究比较了两个群体对于不同策略模式运用的评价，得到适合三阶段外派适应模型的外派适应性策略组合。

通过上述四个实证研究，笔者从四个方面对本书进行了归纳总结。从本研究的主要结论、整合模型、理论意义与实践意义、不足之处和未来研究方向进行阐述。

6.1　本研究的主要结论

6.1.1　外派绩效的结构

我们根据个人执行工作、学习掌握技术、工作满意感、其职业的可持续发展情况，是否参加有吸引力的外派项目，是否升职、职责增加等，组织是否完成公司项目、达到公司的关键目标，以及返回人员的留存、利用新的专业知识、专业知识的共享等情况进行综合考虑，借助职业发展理论和相互忠诚关系与投机交易关系的结构来讨论个人与组织对项目期望不同程度上的匹配对于跨国项目运作的影响。当双方（指派出公司与外派经理）都认为符合相互忠诚假设时，同时符合组织关系期望和个人关系期望时，组织和个人可能都在外派中取得很大的成功；当组织认为双方符合相互忠诚假设而个人认为只是代理机会关系时，即符合组织关系期望和个人交易期望时，组织可能在外派中取得一般的成功，而个人可能在外派中很成功；当组织认为是组织机会假设而个人认为是相互忠诚假设时，即符合组织交易期望和个人关系期望时，组织和个人可能在外派中取得一般的成功；当双方都认为是投机交易行为假设时，即符合个体交易期望和组织交易期望时，组织和个人在外派中都可能获得一般性的成功。

在外派绩效模型中，我们经过因素分析，提取出四个因素：个人内部成长、个人职业发展、组织业务拓展、组织社会形象。我们又很好地验证了四因素模型，分别包括个人内在成长、个人职业成功、组织业务拓展和组织社会形象。从相互间的关系可以看出个人内在成长和组织业务拓展以及组织社会形象都有一定的相关关系，但是个人职业成功和组织业务拓展以及组织社会形象的相关则要小得多。这与实际情况有一定的相符性。

6.1.2 外派模式产生机制

第4章的分析表明外派模式作为多维构思，具有任务调整、向外调整、向内调整和情绪调整四个维度。外派经理在适应调整中，将具有不同的适应模式，包括了四个维度上的差异。其中任务调整注重外派经理在任务内容本身上的调整，情绪调整注重外派经理在情绪等社会化行为的调整，向外调整注重外派经理向外拓展和延伸，寻求问题解决的调整，向内调整则相反，注重外派经理在个体和公司内部自身延伸，寻求问题解决的调整。

并且，第4章研究了多个前因变量对外派模式的影响。研究结果表明了不同调整模式在不同类型任务、外派类型和年龄上的分布存在一定的差异性。在任务类型上，只有任务调整模式的分布差异显著，向外调整、向内调整和情绪调整的分布差异不显著；从事计算性任务的人，在任务调整、向内调整、向外调整和情绪调整上的水平都是最高的，从事其他两种任务的人在四个调整模式的维度水平上都相当。在角色认知变量上，从任务类型上来分析，角色冲突在四个维度上的分布差异显著，角色判断、角色新奇和角色模糊的分布差异不显著。在进行协调性任务时，角色模糊和角色冲突的水平更高，在进行计算性任务时，角色判断和角色新奇的水平更高，进行创造性任务时，角色认知的水平更高。从角色认知在外派类型上的分布差异来看，角色模糊和角色判断的分布差异显著，角色新奇和角色冲突分布不显著。

而从异地外派与异地自主创业的比较来看，在外派类型上，任务调整和向内调整的分布差异显著，向外调整和情绪调整的分布差异不显著。在任务调整和情绪调整上，异地外派经理的水平都要比异地自主创业的人调整水平更高，但在向内调整和向外调整上，则刚好相反。异地自主创业的人财务支持水平高，职业支持和文化支持水平低，而异地外派经理则相反。对于异地外派经理来说，角色模糊和角色新奇的水平更高，对于异地自主创业人员来说，角色判断和角色冲突的水平更高。从上下级关系在外派类型上的分布来看，异地外派的人在支持关系和专业关系上的水平高，在情感支持和工作外关系上的水平低，而异地自主创业的人则刚好相反。而外派类型（外派与异地创业）对组织支持、上下级关系与调整模式之间的关系起到了显著影响，具有缓冲效应，而对角色认知和调整模式之间的关系影响则不显著。

另外，从回归分析来看，角色认知的四个变量对调整模式的四个变量回归都显著。上下级关系对调整模式影响显著。其中，在任务调整上，专业支持对任务调整的影响最大，工作外关系影响最小；在向内调整上，工作外关系影响最大，支持关系最小。组织支持方面也对调整模式的影响显著。在四个调整模式的维度上，都是财务支持对其影响力最大；在任务调整和向外调整上，文化支持对其的影响力最小；在向内调整和情绪调整上，职业支持对其的影响力最小。而从任务类型的缓冲效应分析来看，任务类型显著影响着组织支持、角色认知、上下级关系与调整模式之间的关系，起到了缓冲效应。

6.1.3　外派适应的三阶段模型及其策略组合

本研究从访谈和文献总结出发，认为存在外派适应调整的不同阶段，并且在多个阶段中外派经理的适应调整策略不同。阶段性表现在不同外派时期遇到的难题和情况不用，比如 Selmer（2004）的研究表明新外派人员容易产生心理退缩和拒绝调整等问题，会影响社会文化方面的调整，而外派一定年限后，就不存在这些问题了。在第 5 章中，从外派适应性难题和适应策略匹配和阶段性角度出发，运用社会化适应策略来研究外派适应调整过程中的问题，结合 ASD 理论和 Shrinivas（2004）等的研究，将外派适应策略分为了三个阶段：进入磨合期、震荡适应期、发展掌握期。在各个阶段，适应调整策略不同。在进入磨合期，外派者对外派工作充满新奇，没有意识到行为合适性而产生大量负面工作反馈，从错误中学习；在震荡适应期，面临克服改变工作环境的压力，行为与认知的失调；在发展掌握期，合适的行为被强化，满意感提高，自我价值提升。第 5 章根据这三个阶段的策略，结合 Van Oudenhoven（2001）等提出的九个外派适应性策略，提出了特定于磨合期、震荡适应期和发展掌握期的调整策略与跨阶段调整策略。设计了进行外派适应策略与适应调整难题的准实验研究框架。

结合 Wang 和 Schneider（2004）关于 ASD 的研究，我们将外派阶段分为了以上三个阶段，在各个阶段存在相应的外派适应性调整策略。分别是特定于磨合期策略、特定于震荡适应策略、特定于发展掌握期策略和跨阶段策略。并采取准实验设计来研究策略模式组合和适应三个阶段上被运用的合适性（对适应任务的解决的有利程度）。通过对比对照组和实验组在不同策略组合上的判断，来获得适合典型适应难题的外派适应策略组合。本研究通过模拟策略运用模式，用三阶段各期难题的实验任务来看策略运用模式的可行性与有效性，来评价不同组（控制组和实验组，它们的差异体现在适应策略的学习、运用上）在利用策略解决三阶段难题的合理性。

本研究得到在磨合期，实验组的策略模式是适应于磨合期的策略（文化认同和开放心态策略）和跨阶段策略组成的策略组合，而控制组评价的策略组合是跨阶段策略组合和不适合于该阶段的策略（信任承诺和情绪稳定策略）所组成的策略组合，通过两组的差异性比较可以得到：文化认同和开放心态组成的策略模式更适合于磨合期的外派适应调整，对完成该阶段的典型适应性难题能够获得更好的绩效。同理，震荡适应期外派调整策略组合运用的差异性分析表明情绪稳定、行动导向和跨阶段策略组成的策略模式相对于文化认同和坚持不懈组成的策略模式更适合于磨合期的外派适应调整，对完成该阶段的典型适应性难题能够获得更好的绩效。发展掌握期外派调整策略组合运用的差异性分析表明坚持不懈、信任承诺和跨阶段策略组成的策略模式相对于开放心态和行动导向组成的策略模式更适合于发展掌握的外派适应调整，对完成该阶段的典型适应性难题能够获得更好的绩效。

6.1.4　准实验研究不同策略组合在处理外派适应难题中的作用

在对外派适应调整过程及其策略运用进行研究中，我们采用了准实验设计。实验研究在方法上具有严谨性，能够对组织过程进行研究（Greenberg 等，2004）。在第 5 章中，我们控制了被试者在实验组和控制组之间的差异，使两组被试者参加研究时可以被视为等同对照组。在此基础上，我们根据第 2 章访谈资料设计了任务材料和实验干预措施。在第 2 章的访谈研究中，收集了磨合期、震荡适应期和发展掌握期的多个适应性难题及其处理措施。实验干预措施为学习适应性策略资料，这个资料的设计旨在结合难题来学习适应策略的运用，用案例的方法来指导被试者学习适应性策略的运用。最后，通过难题处理来考查外派难题处理的绩效，并评价其中的策略运用情况。在此，我们操作了实验组的材料，将实验组的难题处理策略组合设计为与假设符合的策略组合。在难题处理案例中，通过评价策略运用效果来比较随机策略组成的策略组合所带来的绩效，以此来证明假设提出的策略组合对完成该阶段的典型适应性难题能够获得更好的绩效。

第 5 章采取了适应于三个阶段的策略运用模式，即特定于磨合期调整策略与跨阶段调整策略组成的磨合期策略模式；特定于震荡适应期与跨阶段策略组成的震荡适应期策略模式；特定于发展掌握期与跨阶段策略组成的发展掌握期策略模式。结合三个需要处理的阶段性难题，运用策略模式来处理这些难题。通过调研两群人（实验组和对照组）在处理难题中采取策略的异同来比较策略组合的合理性。其中实验组阅读的材料是某人对难题处理采用假设正确的策略模式；控制组看的材料是某人对难题处理采取随机选取的策略模式。

为了确定实验组和控制组在策略组合的绩效评价上的差异来源于策略而不是来源于策略组合的提法或语言等问题，因为有可能是学习效应或研究效应带来的对照组与实验组差异。我们在三阶段案例前增加了一个跨阶段的难题，并设计了实验组和控制组相同的材料：同样的跨阶段适应难题和同样的跨阶段处理难题的策略组合。以比较可能带来的控制组和对照组本来的差异。这样的一般性难题设置的必要性在于控制具体的题目上可能带来的差异。从共同基准上保证实验组和控制组在对策略模式运用评价判断上的等同性。

6.2　本研究的整合模型

结合上述四个实证研究的结论，我们对本研究的研究框架进行总结，得到了以下整合模型（见图 6－1）。

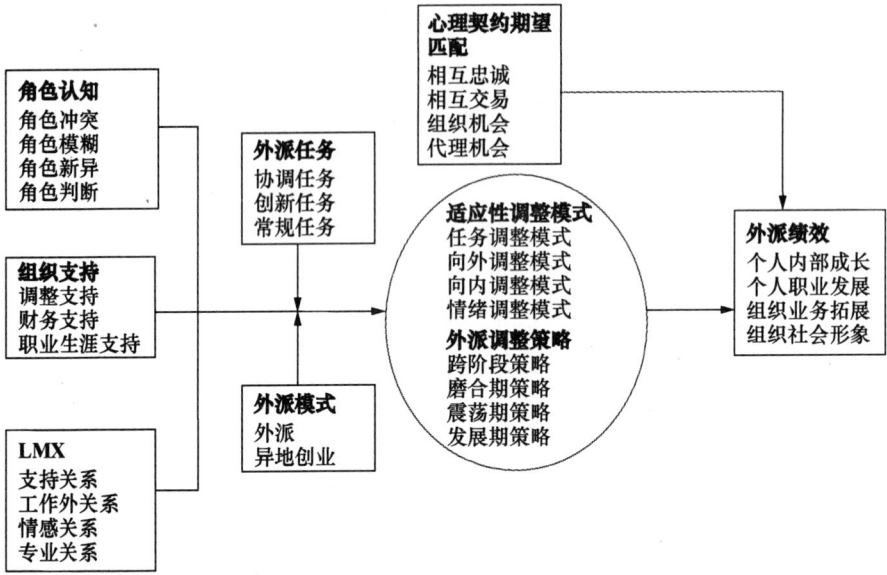

图 6-1　外派适应性模式与调整策略研究整合模型

6.3　本研究的理论进展和实践意义

　　本研究以外派适应调整策略模式作为研究焦点，通过访谈研究了影响外派适应调整的多个因素，通过结构方程模型验证了外派适应调整的模式，用实验方法验证了多阶段适应调整下的策略运用组合。本研究取得了以下几个方面的理论进展与实践意义：

　　首先，对外派适应调整成功的实践意义。Jack 和 Stage（2005）指出外派成功需要五个适应调整前的准备：第一是洞察力，外派经理不但要理解组织成功的理念，更重要的是要洞察个体优势与劣势和外派职位的匹配程度。这样才能做到灵活调整领导风格和沟通方式。第二是激励，外派经理更需要快速的职位提升与管理透明度。第三是潜能开发，需要在外派前制定指导和现场开发的计划来提高外派经理知识与技能。第四是将培训的技能和知识运用于现实条件，并迁移到其他情景。第五还要对外派经理的尽职尽责给予积极反馈。本研究从外派适应过程的角度研究了外派适应调整的阶段性策略模式，通过策略的学习与调整模式的培训，外派经理能够更好地应对外派适应调整难题，更加灵活地进行工作、生活与跨文化适应。

其次，能够有助于提高外派经理的适应性调整能力。提高外派适应能力需要从多个方面着手。第一，外派经理的个性（外向性和自我评价等）、社会关系特征（社会交往数量、广度和深度）和外派经理的一般、人际和工作适应调整紧密相关（Johnson 等，2003）。自我评价和外派经理之间的关系呈正相关，与其他外派经理的交往能够获得较好的社会支持。而对于一般适应和工作适应，与其他外派经理的交往深度和广度能够有效提升这两种适应。第二，提高外派经理的跨文化适应能力。跨文化适应能力与相关工作绩效和留任意愿有紧密关系，跨文化调整的效果来源于心理满足和文化相关知识或技能的获得（Sugiura 和 Pirola - Merlo，2003）。第三，组织支持。组织的作用尤其是对于外派工作中承担非结构化程度更高的任务的外派经理作用显著，组织对于外派经理财务、工作及其跨文化方面的支持能够有效提高应对外派适应难题的能力。

最后，从理论上对于外派问题的研究从多阶段外派适应角度来研究外派适应模式问题。第 4 章采用了问卷方式，第 5 章采用了准实验方法，二者都是对外派适应模式的探讨。相对于以往外派研究中较多涉及外派适应的影响因素研究，本研究从外派工作中遇到的外派适应难题出发，采用准实验方法确定了外派适应调整中多阶段策略运用的方式。

6.4　本研究的不足之处和未来研究方向

外派适应性调整是一个复杂而动态的过程，Haslberger（2005）认为，线性因果模型并不能解释，理论模型也需要能够反映现实概念的复杂性。Haslberger 把混沌和复杂性理论试图运用于社科研究的外派研究，同时，指出家庭环境也可能增加适应调整的复杂性。增加分析的层次，有助于解释动态过程。在运用混沌理论中，他指出外派动态过程具有不可逆性。同时，外派调整具有阶段性和发展方向分歧性。外派适应调整路径可能会采取不同路径来调整，这取决于导致向前发展的变量是否易化或阻止适应调整的发展。每个挑战都可能给适应调整过程带来不可预计的变化，随之可能会产生心理退缩、外派不适等情况。另外，外派适应调整的初始条件可能极大地影响外派适应调整的阶段特征。最后，外派经理处于闭合系统中，在适应调整中将会被强的均衡因素拉回均衡状态，其中可能出现波折，并不会出现 U 形曲线等情况，而根据环境中的新异挑战来决定波折的形态。本研究只是从一般的外派适应调整阶段出发，研究了一般类型的外派调整中出现的问题及其调整策略组合。但对于外派经理个体而言，调整模式可能因为外派任务、外派环境和工作关系等千差万别，因此，运用复杂性理论来研究外派问题能够更为精细地区分不同外派适应调整类型，如何区别性确定外派调整的模式特征。

从组织层面研究外派成为急需的理论与实践问题。如何管理外国员工或异地合资企业员工，人力资源管理政策如何支持外派经理成功，这些问题已经成为具有现实意义的问题。个体学习和跨文化差异知识的应用对于管理异地分支企业的外派经理来说具有重要作用，组织需要从系统建设、提升外派经验等入手来增强将来的外派经理的管理有效性（Sergeant 和 Frenkel，1998）。另外，Black（1991）等认为 61% 的外派经理认为他们在派出时增加的工作经验在母公司难有运用的机会，外派任务完成后平均离职率在 25%，因此对于外派归来，跨地区经营公司一般不够重视外派经理在异地工作所获得的工作经验和国际合作能力，缺乏在外派经理职业生涯管理上进行有效的管理（李华和张湄，2004），降低外派经理回来后的离职率。针对外派经理适应调整的复杂性和外派环境变化程度，需要确定系统的、动态的外派经理培训系统（杨林，2004），以提高外派经理的留任和在岗绩效。在本研究的访谈中也发现外派经理一般是从公司总部的中层管理经理中选拔产生的，他们被外派后工资会相对前职上涨，并且有更大的自由度。但是这些外派经理如要返回，或者在以后的道路上职业更加成功，有点困难。因为在总部很少有更合适的位置等待他们。所以对于个人内在成长来说，是不断地随着组织任务的完成在成长，也就是与组织业务拓展以及组织社会形象都有一定的相关。而个人职业成功，大家的评判标准也不同，再加上现实中的种种困难，就表现出与组织业务拓展以及组织社会形象的相关则要小得多。

对三种外派适应性调整进行过程与模式研究。Haslberger（2005）指出外派过程是一个动态的复杂过程，以往较少研究外派适应性调整的过程，适应性理论组织与领导方面的研究也对此贡献甚少。Haslberger 提出采用诸如不可逆性、对初始条件的敏感度、波动过程和评价潜能等来更好地理解外派适应调整的动态过程。在方法上，采用行动研究、模拟、更精细的定量测量和持续的定性研究等方法综合来研究这个动态过程。国内研究者也从概念上认识到外派的复杂性和外派能力培训的必要性，王明辉（2004）等提出采取全球心智模式培训，运用多文化评价中心方法来进行跨文化角色扮演、案例研究、小组讨论和国际谈判模拟等，以使外派经理提高在不确定容忍度、目标导向、人际能力和语言沟通等方面的技能。海外如克莱斯勒等公司采用评价中心用于选拔和培训海外派遣的候选人。对外派领导的特征的研究较多，但结合外派工作任务与非外派经理进行比较的研究较少。Cassiday（2005）通过半结构化访谈分析定性研究了外派经理相对于非外派经理能够运用关系构建能力来整合不同文化背景下的最佳工作实践，以获得竞争优势。因此，具有外派经验的领导者更能够胜任国际化的企业运营。

最后，多水平研究外派适应问题成为必要。Shaffer 等（1999）研究了影响外派适应的几个跨水平因素的交互效应，对于中层领导来说，以前的外派经历能有效提升对经理人员的适应能力。对于高层领导来说，外派经历可能对适应是负作用。因此，公司需要根据职位策略层次来做出外派经理的配置和培训决策。外派是多个水平的因素影响的过程，但以往研究中外派适应的跨水平研究并不多。其中在 Andreason（2003）确定的影响外派适应调整的多个因素中，个性、工作因素是个体和团队水平的因素；组织因素和职位因素属于组织水平的因素；文化因素属于高层次的因素。对于个体水平和组织水平的外派研究较多（Werner，2002），而跨水平研究和群体水平的外派适应研究却急需找到跨水平因素之间的关系，构建跨水平外派适应调整的整合模型（Black 等，1991），表现各个水平（个体、群体与家庭、组织、地域等水平）的因素之间的交互关系（Andreason，2003）的变化情况。

附　录

附录一　外派适应策略访谈提纲与编码框架

一、访谈提纲部分

1. 一般信息（GI）

GI-1：您从哪家企业派到何地？

GI-2：请您简要介绍本地公司的情况（如人员数、上下级、业务情况）。

GI-3：您目前从事的工作主要是什么？

2. 三种调整的难题（AD）

理论研究上认为异地外派中一般会出现磨合期、震荡适应期和发展掌握期三个阶段。在第一个阶段的磨合期，外派者充满好奇，与以往工作情景进行比较来寻找共同点，忽视不良方面；在第二个阶段的震荡适应期，外派者兴趣减弱，看到了适应差异性的难度，感受到了工作和生活的压力，绩效较低；在第三个阶段的发展掌握期，外派者压力减少，感觉到适应新情景的能力提升，工作绩效与外派前一致。您是否感觉到外派适应中有明显的阶段性？

AD-1：请问在磨合期，您在工作任务、人际关系和异地文化环境适应上有哪些适应上的难题？请举例说明最具有典型性的难题，以及您对应的应对策略。

AD-2：请问在震荡适应期，您在工作任务、人际关系和异地文化环境适应上

·132·

有哪些适应上的难题？请举例说明最具有典型性的难题，以及您对应的应对策略。

AD－3：请问在发展掌握期，您在工作任务、人际关系和异地文化环境适应上有哪些适应上的难题？请举例说明最具有典型性的难题，以及您对应的应对策略。

3. 适应性调整三阶段中策略运用（AS）

AS－1：下面有一些应对这3个阶段的适应性难题的策略，首先是文化认同策略，也就是您试图理解当地人的特定习惯、非言语行为。请举例谈一下在哪个阶段较多运用这种策略。

AS－2：第二种是开放心态策略，即提醒自己对新观点、想法与做法保持开放心态。请举例谈一下在哪个阶段较多运用这种策略。

AS－3：第三种是外向策略，即积极参与当地活动，按当地人的方式或习惯生活、做事。请举例谈一下在哪个阶段较多运用这种策略。

AS－4：第四种是稳定情绪策略，即遇到不能解决的情况稳住情绪，保持乐观心态。请举例谈一下在哪个阶段较多运用这种策略。

AS－5：第五种是承担挑战策略，即在风险条件下承担有难度的工作。请举例谈一下在哪个阶段较多运用这种策略。

AS－6：第六种是行动导向策略，即遇到困难，从提出想法和行动方案出发，解决难题，而不是避免问题出现。请举例谈一下在哪个阶段较多运用这种策略。

AS－7：第七种是灵活调整策略，即尝试新想法和采取不同于以往的措施解决工作难题。请举例谈一下在哪个阶段较多运用这种策略。

AS－8：第八种是坚持策略，即在异地持续努力，哪怕当时情境中只有您一个人，没有其他方面支持。请举例谈一下在哪个阶段较多运用这种策略。

AS－9：第九种是承诺策略，即作为派出公司代表，工作上表现出派出公司价值观、文化和利益考虑。请举例谈一下在哪个阶段较多运用这种策略。

二、访谈材料编码方案（有省略）

1. 背景信息

Data	访谈日期（年/月/日）	
Time	总访谈时间（分钟）	

Int1	被访谈者	
Int2	访谈者	
Rater1	评价者 1	
Rater2	评价者 2	

2. 一般信息（GI）

GI - 1a	Firm	派出公司		
GI - 1b	Local	派出地/当地公司		
GI - 2a	noemp	当地公司人员数		
GI - 2b	Leader	直接上级来自	1. 母公司	2. 子公司
GI - 2c	Underl	下属人数		
GI - 2d	Busi	业务		
GI - 3	Task	工作内容		

3. 调整难题（AD）

AD - 1	Phase	阶段性	1. 有	2. 无

AD - 2a	Ad - deta1	描述详细程度	低	1	2	3	4	5	高
AD - 2b	Ad - diff1	难题解决的容易程度	低	1	2	3	4	5	高
AD - 2c	Ad - feas1	解决难题中采取的策略合适度	低	1	2	3	4	5	高
AD - 2d	Ad - nume1	解决难题中采取的策略数量	低	1	2	3	4	5	高
AD - 2e	Ad - all1	解决难题的全面性	低	1	2	3	4	5	高
AD - 2f	Ad - key1	解决难题的关键点把握度	低	1	2	3	4	5	高
AD - 2g	Ad - opp1	机会寻求	低	1	2	3	4	5	高
AD - 2h	Ad - reac1	被动反应	低	1	2	3	4	5	高

AD – 3a	Ad – deta2	描述详细程度	低	1	2	3	4	5	高
AD – 3b	Ad – diff2	难题解决的容易程度	低	1	2	3	4	5	高
AD – 3c	Ad – feas2	解决难题中采取的策略合适度	低	1	2	3	4	5	高
AD – 3d	Ad – nume2	解决难题中采取的策略数量	低	1	2	3	4	5	高
AD – 3e	Ad – all2	解决难题的全面性	低	1	2	3	4	5	高
AD – 3f	Ad – key2	解决难题的关键点把握度	低	1	2	3	4	5	高
AD – 3g	Ad – opp2	机会寻求	低	1	2	3	4	5	高
AD – 3h	Ad – reac2	被动反应	低	1	2	3	4	5	高

附录二 外派经理问卷

您好！这是一项有关外派经理的调查研究，请就您的真实情况回答。结果仅用于研究，并予保密，请放心回答。我们十分感谢您的支持与合作！

一、基本信息

年龄_____ 性别_____ 学历_____ 现任职位_____

现派出公司总人数_____现派出公司异地/海外分支机构数_____行业类别_____

管理年限_____总外派期限____年；现派入公司总人数_____现所在派出公司名称_____

以前是否有过外派经历：有/无（请选择），如果有，请填写以下表格：

派出次数	外派时间	派出国/地区	派入国/地区	派入公司名、职位
1				
2				
3				
4				

二、请根据您的外派工作情况，就您当前所在公司/个人履行责任、义务的情况及其与您个人/组织的期望之间的匹配程度进行选择（请在相应的数字上画圈）

1表示十分同意，2表示同意，3表示无所谓同不同意，4表示不同意，5表示十分不同意。

公司在外派过程中	公司实际情况					与您期望匹配程度				
	十分同意	同意	无所谓	不同意	十分不同意	十分匹配	匹配	中等匹配	不匹配	很不匹配
1. 公司为您个人的福利着想	1	2	3	4	5	1	2	3	4	5
2. 公司为您的家庭福利着想	1	2	3	4	5	1	2	3	4	5
3. 公司因您的外派而对您有额外照顾，如补贴等	1	2	3	4	5	1	2	3	4	5
4. 公司让您参与工作中的决策	1	2	3	4	5	1	2	3	4	5
5. 公司在坚守公司原则下，给您一定的灵活性	1	2	3	4	5	1	2	3	4	5
6. 公司不关心您长期的生活	1	2	3	4	5	1	2	3	4	5
7. 公司为了您适应外派而对您培训	1	2	3	4	5	1	2	3	4	5
8. 公司帮助您获得晋升	1	2	3	4	5	1	2	3	4	5
9. 公司将会为您返回后的发展提供机会	1	2	3	4	5	1	2	3	4	5
10. 公司帮助您提高技能以便将来更容易找到好工作	1	2	3	4	5	1	2	3	4	5
11. 提供公司以外的工作好机会	1	2	3	4	5	1	2	3	4	5
12. 公司支持您提高工作业绩	1	2	3	4	5	1	2	3	4	5
13. 公司不重视您的想法	1	2	3	4	5	1	2	3	4	5
14. 公司营造良好的人际关系	1	2	3	4	5	1	2	3	4	5
15. 公司丰富您的业余生活	1	2	3	4	5	1	2	3	4	5
16. 公司对员工的诚信行为要求严格	1	2	3	4	5	1	2	3	4	5

您在外派过程中	个人实际情况					与组织期望匹配程度				
	十分同意	同意	无所谓	不同意	十分不同意	十分匹配	匹配	中等匹配	不匹配	很不匹配
1. 执行母公司的任务并有一定的灵活性	1	2	3	4	5	1	2	3	4	5
2. 不愿担任额外的工作，如加班等	1	2	3	4	5	1	2	3	4	5
3. 在完成外派工作中，努力为公司争取利益	1	2	3	4	5	1	2	3	4	5
4. 自愿接受公司外派	1	2	3	4	5	1	2	3	4	5
5. 自愿不支持同业竞争者	1	2	3	4	5	1	2	3	4	5
6. 保守公司秘密	1	2	3	4	5	1	2	3	4	5
7. 短期内没打算离开公司	1	2	3	4	5	1	2	3	4	5
8. 维护公司形象	1	2	3	4	5	1	2	3	4	5
9. 为公司发展提供合理有效的意见	1	2	3	4	5	1	2	3	4	5
10. 公司资源对我来说无关紧要	1	2	3	4	5	1	2	3	4	5
11. 遵守公司规章制度	1	2	3	4	5	1	2	3	4	5

三、对于该外派项目，您认为公司的意图是（请根据您的实际情况在相应的数字上画圈）

	十分同意	同意	无所谓	不同意	十分不同意
公司对您的外派，是想发展您的技能	1	2	3	4	5
本次外派对您将来的发展有好处	1	2	3	4	5
公司对您的外派，增加了您的经验	1	2	3	4	5
公司对您的外派，是想丰富您的知识	1	2	3	4	5
公司对您的外派，可以提高您的管理能力	1	2	3	4	5
公司对您的外派，可以提高您的创造力	1	2	3	4	5
公司对您的外派，增加了您的职业安全感	1	2	3	4	5
公司对您的外派，提供了您接触公司以外的工作机会	1	2	3	4	5

四、以下为您和当前所在公司在外派过程中各自的收获，请根据您的实际情况在相应的数字上画圈

1表示十分同意，2表示同意，3表示无所谓同不同意，4表示不同意，5表示十分不同意。

	十分同意	同意	无所谓	不同意	十分不同意
公司对您的外派，能够给予组织支持和配合	1	2	3	4	5
公司对您的外派，只是对公司短期盈利的考虑	1	2	3	4	5
公司对您的外派，希望公司在该领域、该地区有所发展	1	2	3	4	5
公司对您的外派，可以达到公司原先的目标	1	2	3	4	5
公司对您的外派，可以完成公司本次外派项目	1	2	3	4	5
公司通过对您的外派，培养了公司内部具有更高能力的精英	1	2	3	4	5
公司通过对您的外派，公司社会形象有了很大的提升	1	2	3	4	5
公司通过对您的外派，可以获得更新的知识	1	2	3	4	5
您通过公司的外派，会圆满地完成公司的计划	1	2	3	4	5
您通过公司的外派，学习掌握了技术	1	2	3	4	5
您在外派过程中，工作满意	1	2	3	4	5
您通过公司的外派，对将来发展有很大好处	1	2	3	4	5
通过公司的外派，将来会有更具吸引力的项目等待您	1	2	3	4	5
通过公司的外派，锻炼了您适应不同文化情境的能力	1	2	3	4	5
您通过公司的外派，将会得到晋升机会	1	2	3	4	5
您通过公司的外派，将会被公司更加重视	1	2	3	4	5
我认真考虑过提前结束外派工作	1	2	3	4	5
总体来说，我希望早点回到母公司	1	2	3	4	5
我愿意留在派入公司，直到外派期限结束	1	2	3	4	5

最后再次感谢您的合作和支持！

附录三　外派与异地创业调查问卷

您好！这是一项有关外派与异地创业的调查研究，请就您的真实情况回答。结果仅用于研究，并予保密，请放心回答。我们十分感谢您的支持与合作！

一、基本信息

年龄_____　性别_____　学历_____　现任职位_____

您是外派□，还是异地自主创业□（请在"□"内打钩）

您所在的异地公司，主要从事的职能是：1. 市场□；2. 销售□；3. 生产□；4. 行政/财务□；5. 协调处理当地各种关系□；6. 以上所有职能□

您的主要工作职责是：_____

现总公司人数_____总公司异地/海外分支机构数_____行业类别_____

您的管理年限_____年　异地工作期限____年　本地公司人数_____

如果您有异地工作经历，请填写以下表格：

派出次数	外派时间	派出国/地区	派入国/地区	派入公司名、职位
1				
2				
3				

二、请根据您的实际情况，对下列异地工作中获得的组织支持进行评价，在相应的数字上画圈

	十分同意	同意	无所谓	不同意	十分不同意
我在异地开展工作时，公司给予强有力的财务支持	1	2	3	4	5
公司给予我异地工作的良好薪资和待遇	1	2	3	4	5

续表

	十分同意	同意	无所谓	不同意	十分不同意
我没有理由抱怨异地工作会带来金钱上的损失	1	2	3	4	5
公司做外派决定时考虑了我个人的工作目标和需要	1	2	3	4	5
我感觉公司关注我的职业生涯发展与规划	1	2	3	4	5
公司表现出了对我家庭福利与经济的考虑	1	2	3	4	5
公司提供给了我家庭成员适应异地生活的辅助措施	1	2	3	4	5
公司给我提供机会来融入异地生活	1	2	3	4	5
我能随时求助于公司,解决异地不适应问题	1	2	3	4	5

三、请根据您的实际情况,对下列异地工作中上下级关系进行评价,在相应的数字上画圈

	十分同意	同意	无所谓	不同意	十分不同意
我的上级是可以成为朋友的人	1	2	3	4	5
和我的上级共事,能够在工作中找到快乐	1	2	3	4	5
上级即使在不完全了解的情况下,也会为我的工作辩护	1	2	3	4	5
在我被他人抨击时,上级会支持与保护我	1	2	3	4	5
为了达到上级的目标,我会加倍努力	1	2	3	4	5
我会为上级完成工作要求以外的任务	1	2	3	4	5
我对上级的工作专长印象深刻	1	2	3	4	5
我很敬佩上级工作上的能力和专业知识	1	2	3	4	5

四、请根据您的实际情况，对下列异地工作中的工作职责进行评价，在相应的数字上画圈

	十分同意	同意	无所谓	不同意	十分不同意
我的工作比较常规，但需要和当地组织密切接触	1	2	3	4	5
我的工作没有不确定性，具有高度程序性	1	2	3	4	5
我的工作没有标准和具体程序，需要具有创造性	1	2	3	4	5
我的工作有多种任务，以上3种均有	1	2	3	4	5
完成同一件工作，我需要在异地采用不同方法	1	2	3	4	5
在异地工作，我需要额外去完成某些不必要的事	1	2	3	4	5
为了完成某项任务，有时必须违反公司的规章	1	2	3	4	5
就某项任务，不同人的要求有时截然不同	1	2	3	4	5
我与2个或多个群体采用不同的方式来工作、沟通	1	2	3	4	5
有时接受一项任务，没有足够的资源或人力	1	2	3	4	5
我的工作职责和任务界定清晰	1	2	3	4	5
我完成工作的规则与方式，公司没有明确界定	1	2	3	4	5
我不清楚在不同场合下公司对我行为的要求	1	2	3	4	5
实际上，我不很确切地知道公司期望我做什么	1	2	3	4	5
对于取得预期工作结果，没有明确的行为要求	1	2	3	4	5
我能够改变我的工作任务，以便更好地适应当地情况	1	2	3	4	5
我在外派中，对工作任务拥有充分的自主权	1	2	3	4	5
在外派中，我对我拥有的自主权感到满意	1	2	3	4	5
外派工作的职责与以前的工作任务相似	1	2	3	4	5

五、请根据您的实际情况，对下列异地工作中的工作环境进行评价，在相应的数字上画圈

	十分同意	同意	无所谓	不同意	十分不同意
我和当地人交往中，总觉得有点压力	1	2	3	4	5
我不太相信当地人，因为害怕他们骗我	1	2	3	4	5
我比未外派前，更加容易急躁	1	2	3	4	5
在和当地人交往中，我有时表现出不耐烦和焦虑	1	2	3	4	5
母公司比当地子公司在企业文化塑造上更加积极	1	2	3	4	5
母公司比当地子公司在经营上更加注重客户导向	1	2	3	4	5
母公司比当地子公司在创新、变革上更加主动	1	2	3	4	5
母公司比当地子公司在员工参与上做得更好	1	2	3	4	5
母公司比当地子公司在目标和绩效上更加明确	1	2	3	4	5
母公司比当地子公司更看重人力资源的开发与利用	1	2	3	4	5
母公司比当地子公司在员工认同感上更高	1	2	3	4	5
母公司比当地子公司在员工自主上更高	1	2	3	4	5
母公司比当地子公司在上下级关系上更加亲密	1	2	3	4	5
母公司比当地子公司在个人绩效上界定更清晰	1	2	3	4	5
母公司比当地子公司在薪酬方面更注重绩效考核	1	2	3	4	5
母公司比当地子公司有更明确的上下级关系和规章	1	2	3	4	5
我希望在外派中，职务上有所提升	1	2	3	4	5
外派对于我的职业生涯来说，是一个有利的机会	1	2	3	4	5
我被派出是因为在母公司晋升机会很少	1	2	3	4	5

六、请根据您的实际情况，对下列异地工作中的适应过程进行评价，在相应的数字上画圈

	十分同意	同意	无所谓	不同意	十分不同意
外派过程中，我更喜欢有挑战性的任务	1	2	3	4	5
为取得某些业绩，我喜欢采取有风险的方式	1	2	3	4	5
我在外派工作中，能够自主调制工作目标	1	2	3	4	5
我能够理解当地人的感受、想法和经历	1	2	3	4	5
我了解当地人的非言语行为	1	2	3	4	5
我能够在当地文化下理解当地某些人的工作方式	1	2	3	4	5
我有强烈的异地工作动机	1	2	3	4	5
在外派工作中，我有更多的想法和自发行为	1	2	3	4	5
我喜欢参加与工作有关的当地社会活动	1	2	3	4	5
我可以准备随时外派到另外一个子公司	1	2	3	4	5
我已经充分融入了当地社会和当地公司	1	2	3	4	5
我对当地公司非常认同或喜欢	1	2	3	4	5
我即使在单独的情况下，工作也会良好	1	2	3	4	5
外派中，我喜欢在母公司没有过的新想法和观点	1	2	3	4	5
在外派中，遇到逆境，我总能够保持情绪稳定	1	2	3	4	5
在外派中，对外派公司所在地有较强的陌生感	1	2	3	4	5
我能够比较容易调整，以适应当前的文化	1	2	3	4	5
外派中，我发现我已经改变很多原来的生活习惯	1	2	3	4	5
来这里从事的新工作对我来说比较熟悉	1	2	3	4	5
适应当地公司的工作方式，我没有困难	1	2	3	4	5
我发现和这里的同事合作，有不协调的地方	1	2	3	4	5
我在这里很快就有与当地朋友的社交圈	1	2	3	4	5

最后再次感谢您的合作和支持！

附录四 外派适应案例评价

在这个案例评价中，请您认真阅读四个外地工作的外派管理人员的工作案例。在这些工作案例中，他们遇到了外派工作的一些难题，并对这些问题采取了一些解决的策略，请您评价他们处理这些外派工作难题的合适性。

案例评价一

---

1. 案例陈述

乐天外派多年，一直存在文化适应和与当地人交流、沟通问题。在沟通上，主要存在这些问题：①交往的功利与诚意的相背。乐天的工作需要同公司内外各种背景的人打交道，因为个性或文化差异等原因，乐天感觉当地人考虑经济利益为主，以自我为中心比较多，许多问题心里想的不大说出来，公开说的少，私下议论的多。公开发言后实际行为并不积极。②交际内容与形式的不一致，彻底交流少、很难。③交往的团队配合、支持不够。乐天代表了母公司股东利益，在当地公司的员工看来与他们是一种对立关系，是支配与被支配的关系。工作上如果没有关系的话，他不会和你交往，不会给你提供信息，如果涉及他们切身利益的事，他们会来找你和你谈判，对方没有把你放到团队中，而是放在对立的那一面，真正交成朋友的可能性很少。乐天所面临的同事共事关系让他难以完成母公司的工作要求。

2. 处理难题的策略运用

乐天在应对这些难题时，采用了这些策略：

（1）任务导向策略：就事论事，在制定目标、制定相应措施、进行执行与督促中，对事不对人，以业绩为重。

（2）外向交流策略：高管人员及分管部门与下属员工进行业务沟通和感情上的交流，征求员工的意见和困难，经常做的，反映出他们心里想的什么，存在什么真实困难（个人生活和工作）。

（3）文化认可策略和学习策略：学习他们的先进理念，工作作风和做事的决策能力（建立在充分的调查研究的基础上，果断决策，抓住机遇）。

（4）灵活调整策略：多些反省，多视角看，首先看自己的不足，要有主动调适、适应的心理准备让有价值的东西保存下来，让双方产生和谐关系，将增进相互信任合作的因素留下来。

3. 评价问题

请您针对乐天的策略运用整体情况，对以下问题进行评价（1为非常差；2为差；3为较差；4为一般；5为较好；6为好；7为非常好）。

（1）策略运用的可行性	1	2	3	4	5	6	7
（2）策略运用的有效性	1	2	3	4	5	6	7
（3）预计难题得到解决的程度	1	2	3	4	5	6	7
（4）预计实施策略后所带来的工作绩效	1	2	3	4	5	6	7

案例评价二

1. 案例陈述

萧东刚被派往一家外地子公司 3 个月，正值外派磨合期的他遇到了在母公司没有过的问题：做事方式的转变。萧东在这段时间始终面临着与当地人交流、处事存在难以适应的问题。在萧东被派出之初，感觉到当地人表面文章较多，承诺经常不兑现，还不能执行。达成了协议，还不去执行，要请他吃饭，满足他的个人要求才行。政策如果规定 1 小时完成的话，他们还要再拖它 1 年，权力用到最大，为个人争取。

另外，萧东在与子公司内部的员工合作中，尽量通过妥协、主动的方式来融入其中，但常常因为是外来户，工作上的不当影响到关系网上的关键人物利益。某些决策会招致意想不到的反对、找茬。加上对工作细节较为陌生，对工作的关键点心中没底，所以工作的这 3 个月主要在尝试和摸索规律阶段。

2. 处理难题的策略运用

萧东在应对这些难题时，采用了这些策略：

（1）文化认可策略和学习策略：主动学习与当地人打交道的方式，掌握新岗位的工作规律（影响业绩的关键因素）。

（2）外向交流策略：了解背景、隐藏信息、关系网，通过行动（发个信息或打个电话），了解背后的信息。主动交流和沟通，让对方对自己了解和信任。

（3）开放心态策略：文化融入、平等相待，不要将差异扩大，认可对方的优点。了解他们的文化，慢慢融进去，了解背景、生活习惯、行为习惯，认可他们的优点。

（4）灵活调整策略：同时运用权力、妥协和沟通等方式，拉近彼此的价值观，尽量规避做事差异带来的问题。

3. 评价问题

请您针对萧东的策略运用整体情况，对以下问题进行评价（1 为非常差；2 为差；3 为较差；4 为一般；5 为较好；6 为好；7 为非常好）。

（1）策略运用的可行性	1	2	3	4	5	6	7
（2）策略运用的有效性	1	2	3	4	5	6	7
（3）预计难题得到解决的程度	1	2	3	4	5	6	7
（4）预计实施策略后所带来的工作绩效	1	2	3	4	5	6	7

续表

案例评价三

1. 案例陈述

项宁外派已有 1 年多了，刚被派出时的新鲜感没有了，在回到原有的工作模式和适应新工作模式上犹豫不决。在这段时间，项宁业绩起伏不定，工作态度有所降低，同时管理难度也提高了。

项宁现在的职务和外地工作经验得到了一定的提升，对工作有新的设想。但满怀信心去面对各种协调、市场开拓方面的困难时，总感觉不能按照预想的去做，打退堂鼓，想回去。项宁还是不断告诫自己不能排斥，增加融入当地公司和当地文化的信心。另外，政府政策影响比较大，市场经济不规范，市（区）政府没有延续性，政策常变，必然影响市场开拓的成效，也造成项宁在工作上不能很好地执行所管理部门的中期发展规划。

项宁受到当地公司高层的直接领导，某些时候公司高层的判断难以考虑一线情况，依据大的形势来决策。项宁领导的团队在完成多次工作任务后，团队气氛较为融洽，因为信息和高层掌握的信息不一致，常常事倍功半。

2. 处理难题的策略运用

项宁在应对这些难题时，采用了这些策略：

（1）行动导向策略：始终抓业务学习，提高自己的理论水平，开阔视野和提高实际操作能力。通过办培训班来灌输理念，提高素质，从而统一思想。

（2）灵活调整策略：多些反省，多视角看，首先看自己的不足，再看对方。

（3）情绪稳定策略：敢于否定自身负面的东西。站在第三方的角度，思考自己的行动。

（4）承担挑战策略：遇到困难和阻力，从提出更为细致的想法和行动方案出发，解决难题，获取信任，而不是避免问题出现。

3. 评价问题

请您针对项宁的策略运用整体情况，对以下问题进行评价（1 为非常差；2 为差；3 为较差；4 为一般；5 为较好；6 为好；7 为非常好）。

（1）策略运用的可行性	1	2	3	4	5	6	7
（2）策略运用的有效性	1	2	3	4	5	6	7
（3）预计难题得到解决的程度	1	2	3	4	5	6	7
（4）预计实施策略后所带来的工作绩效	1	2	3	4	5	6	7

案例评价四

1. 案例陈述

  吴俊已经被总公司派出 4 年了，在这 4 年里经历了磨合与震荡调整的阶段，现在已经能较为和谐平稳地开展工作。随着入驻公司业务的急剧增长，职位的提升，工作任务越来越重，压力越来越大，吴俊需要领导一个销售团队来开拓新市场，快速发展当地的业务。但吴俊感觉外派太久，学习、适应能力和团队领导能力较难适应工作要求，希望有更多思路来抓住机遇，加快事业的发展。

  吴俊不久前提出了一个大规模的市场开拓计划。为此，吴俊从人员培训、整合资源力量、聘用顾问公司来研究市场机遇和深层次文化特征等方面做了大量准备工作，但吴俊仍感到计划实施困难在于公司关键人物的支持、信任不够。同时，吴俊担心计划中风险控制和市场反应速度 2 方面存在问题。因此，想通过人力资源、销售流程等方面的改革来提高整个队伍的工作能力。

2. 处理难题的策略运用

  吴俊在应对这些难题时，采用了这些策略：

（1）外向交流策略：从多方面的信息中找到影响业绩的关键因素，然后分析这些因素，动员整合各方面的资源，做出新增的价值和福利的业绩。

（2）坚持不懈策略：不断提升培训、学习，提高团队素质；在实施计划中，容忍改革、调整带来的困难。

（3）信任与承诺策略：争取关键人物的信任赏识，工作上表现出派出公司价值观、文化和利益考虑。

（4）承担挑战策略：发现和抓住机遇，抢先发展。开拓事业，走出去，到别的行业、区域发展，总结采用好的经验。

3. 评价问题

请您针对吴俊的策略运用整体情况，对以下问题进行评价（1 为非常差；2 为差；3 为较差；4 为一般；5 为较好；6 为好；7 为非常好）。

（1）策略运用的可行性	1	2	3	4	5	6	7
（2）策略运用的有效性	1	2	3	4	5	6	7
（3）预计难题得到解决的程度	1	2	3	4	5	6	7
（4）预计实施策略后所带来的工作绩效	1	2	3	4	5	6	7

基本信息（基本信息的收集仅用于研究目的，并予以保密）

年龄_____　性别_____　学历_____　现任职位_____

您所在的异地公司，主要从事的职能是：1. 市场□；2. 销售□；3. 生产□；4. 行政/财务□；5. 协调处理当地各种关系□；6. 以上所有职能□

您的主要工作职责是：_____

现总公司人数_____总公司异地/海外分支机构数_____行业类别_____

您的管理年限____年　异地工作期限____年　本地公司人数____

谢谢您的参与！

参考文献

［1］Bryan L. L. Fraser J. N. . 全球化进程［J］. 麦肯锡季刊，1999.

［2］Bartlett C. , Ghoshal S. . 跨国界的经营：超国界的解决方案［M］. 波士顿：哈佛商学院出版社，1989.

［3］陈霞，段兴民. 外派人员的绩效评估［J］. 科学学与科学技术管理，2001（10）.

［4］郭俊. 跨国经营企业选派外派人员问题研究［J］. 西安石油学院学报（社会科学版），2002，5.

［5］孟良，顾宏地. 透视中国企业海外并购新趋势［J］. 中国企业家，2005（11）.

［6］姜金栋，王重鸣，李德忠. 外派经理期望匹配模型：概念提炼与效度检验. 第三届人力资源战略与创业管理国际研讨会论文集，2005.

［7］姜金栋. 外派经理适应性调整策略案例研究. 第三届人力资源战略与创业管理国际研讨会论文集，2005.

［8］姜金栋. 外派人员与组织的期望匹配模式对绩效的影响［J］. 应用心理学，2005.

［9］李华，张湄. 外派人员：跨国公司专业化管理的核心环节［J］. 国际经济合作，2004.

［10］李原，郭德俊. 组织中的心理契约的研究进展［J］. 心理学动态，2002.

［11］刘德学，付丹. 基于多元智商的外派经理评价指标与选择方法［J］.

软科学，2004，18（6）．

　　［12］邱均平，邹菲．国外内容分析法的研究情况及进展［J］．图书情报知识，2003．

　　［13］孙海法，朱莹楚．案例研究法的理论与应用［J］．科学管理研究，2004．

　　［14］约翰·B. 库仑．多国管理：战略要径［M］．北京：机械工业出版社，2000．

　　［15］姚建峰．跨国公司的跨文化管理［J］．管理科学文摘，2005．

　　［16］杨林．跨国公司如何克服人员外派失败［J］．中国人力资源开发，2004．

　　［17］王重鸣．心理学研究方法［M］．北京：人民教育出版社，1998．

　　［18］王重鸣．管理心理学［M］．北京：人民教育出版社，2000．

　　［19］王明辉，凌文辁．外派员工培训的新趋势［J］．中国人力资源开发，2004．

　　［20］吴世忠．内容分析方法论纲［J］．情报资料工作，1991．

　　［21］张云路．跨文化管理的模式选择［J］．企业改革与管理，2005．

　　［22］Adarsh R. , Sherry S. , Christine B. Cross – Cultural Conflict and Expatriate Manager Exploratory Study［J］. Technical Communication，2005，52（1）：103 – 106.

　　［23］Adler P. S. Cultural Shock and the Cross – cultural Learning Experience. In L. F. Luce, & E. C. Smith（Eds.），Toward Internationalism：Readings in Cross – cultrural Communication（2nd edition）［J］. Cambridge，MA：Newbury House，1987.

　　［24］Adler N. J. , Bartholomeu S. Globalization and Human Resource Management［J］. Research in Global Strategy Management，1992，3：179 – 201.

　　［25］Adler N. J. , Ghadar F. International Strategy form Perspective of People and Culture：The North American Context［J］. Research in Global Business Management，1990，1：179 – 205.

　　［26］Andreason A. W. Expatriate Adjustment to Foreign Assignments［J］. International Journal of Commerce & Management，2003，13（1）：42 – 60.

　　［27］Antoncic B. , & Hisrich R. D. Intrapreneurship：Construct Refinement and

Cross – cultural Validation ［J］. Journal of Business Venturing, 2001, 16: 495 – 527.

［28］ Aryee S. , Chay Y. W. , & Chew J. An Investigation of the Willingness of Managerial Employees to Accept an Expatriate Assignment ［J］. Journal of Organizational Behavior, 1996, 17: 267 – 283.

［29］ Berg B. L. Qualitative Research Methods for the Social Science (Fourth Edition) ［M］. Allyn & Bacon, A Pearson Education Company, 2001.

［30］ Berry J. W. , Kim U. , & Boski P. Psychological Acculturation of Immigrants. In Y. Y. Kim, & W. B. Gudykunst (Eds.), Cross – cultual Adpation – Current Approaches ［M］. Ann Arbor: Michigan University Press, 1988: 62 – 89.

［31］ Barnett G. A. , & Kincaid D. L. Cultural Convergence – A Methematical Theory. In W. B. Gudykunst (Eds.), Intercultural Communication Theory – Current Perspectives ［M］. Beverly Hills: Sage Publications, 1983: 131 – 145.

［32］ Bhaskar – Shrinivas P. , Harrison D. A. , Shaffer M. A. , & Luk D. M. Input – based and Time – based Models of International Adjustment: Meta – analytic Evidence and Theoretical Extensions ［J］. Academy of Management Journal, 2005, 48: 257 – 281.

［33］ Black J. S. Work Role Transitions: A Study of American Expatriate Managers in Japan ［J］. Journal of International Business Studies, 1988, 19: 277 – 294.

［34］ Black J. S. Coming home: The Relationship of Expatriate Expectations with Repatriation Adjustment and Job Performance ［J］. Human Relations, 1997, 45 (2): 177 – 192.

［35］ Black J. S. , Gregersen H. B. Antecedents to Cross – cultural Adjustment for Expatriates in Pacific Rim Assignments ［J］. Human Relations, 1991a, 44: 497 – 515.

［36］ Black J. S. , Gregersen H. B. When Yankee Comes Home: Factors Related to Expatriate and Spouse Repatriation Ajustment ［J］. Journal of International Business Studies, 1991b: 497 – 515.

［37］ Black J. S. , Gregersen H. B. Serving Two Masters: Managing the Dual Allegiance of Expatriate Employee ［J］. Sloan Management Review, 1992: 67 – 71.

［38］ Black J. S. , Mendenhall M. Cross – cultural Training Effectiveness: A Review and a Theoretical Framework for Future Research ［J］. Academy of Management

Review, 1990, 15: 113 – 136.

[39] Black J. S. , Mendenhall M. The U – curve Adjustment Hypothesis Revisited: A Review and a Theoretical Framework [J] . Journal of International Busness Studies, 1991, 22 (2): 225 – 247.

[40] Black J. S. , Mendenhall M. Toward a Comprehensive Model of International Adjustment: An Intergration of Multiple Theoretical Perspective [J] . Academy of Management Review, 1991, 16 (2): 291 – 317.

[41] Bonache J. , Brewster C. , Suutari V. Expatriation : A Developing Researching Agenda [J] . Thunderbird International Business Review, 2001, 43 (1): 3 – 20.

[42] Bolino M. C. , & Feldman D. C. The Antecedents and Consequences of Underemployment Among Expatriates [J] . Journal of Organizational Behavior, 2000, 21: 889 – 911.

[43] Brewster C. The Paradox of Adjustment: UK and Swedish Expatriates in Sweden and the UK [J] . Human Resource Management Journal, 1993, 4: 49 – 62.

[44] Cable D. M. , Parsons C. K. Socialization Tactics and Person – organization Fit [J] . Personnel Psychology, 2001, 54: 1 – 23.

[45] Caligiuri P. M. , Hyland M. M. , Joshi A. , & Bross A. S. Testing a Theoretical Model of Examining the Relationship Between Family Adjustment and Expatriates' Work Ajustment [J] . Journal of Applied Psychology, 1998, 83: 598 – 614.

[46] Cassiday P. A. Expatriate Leadership: An Orgniazational Resource for Collaboration [J] . International Journal of Intercultural Relations, 2005, 29 (4): 391 – 408.

[47] Chan K. F. , Lau T. & Man T. W. Y. The Entrepreneurial Personality of Small Business Owner – managers in Hong Kong: A Critical Incident Analysis [J] . Journal of Enterprising Culture, 1997, 5 (3): 249 – 271.

[48] Chew J. Managing MNC Expatriates Through Crises: A Challenge for International Human Resource Management [J] . Research and Practice in Human Resource Management, 2004, 12 (2): 1 – 30.

[49] Church A. T. Sojourner Adjustment [J] . Psychological Bulletin, 1982, 91: 540 – 572.

[50] Cook T. , Shadish W. R. Social Experiments: Some Developments Over the Past Fifteen years [J] . Annual Review of Psychology, 1994, 45: 545 - 580.

[51] Cook T. D. , & Campbell D. T. The Design and Conduct of Quasi - Experiments and True Experiments in Field Settings [M] . In M. D. Dunnette (Ed.), Handbook of Industrial and Organizational Psychology: 223 - 326. New York: John Wiley & Sons, 1976.

[52] Cochran D. S. & David F. R. Communication Effectiveness of Organizational Mission Statements [J] . Journal of Applied Communication Research, 1986, 14 (2): 108 - 118.

[53] De Cieri H. , Dowling P. J. Strategic Human Resource Management in Multinational Enterprises: Theoretical and Empirical Development [M] . In P. M. Wright, L. D. Dyer, J. W. Boudreau, & G. T. Milkovich (eds.), Strategic Human Resource Management in the Twenty - first Century. Stamford, CT: JAI Press, 1990.

[54] Deshpande S. P. , & Viswesvaran C. Is Cross - cultural Training of Expatriate Managers Effective? : A Meta - analysis [J] . International Journal of Intercultural Relations, 1992, 16: 295 - 310.

[55] Doucet L. , & Jehn K. A. Analyzing Harsh Words in a Sentitive Setting: American Expatriates in Communist China [J] . Journal of Organizational Behavior, 1997, 18: 559 - 582.

[56] D'Aveni R. A. & MacMillan I. C. Crisis and Content of Managerial Communications: A Study of the Focus of Attention of Top Managers in Surving and Failing Firms [J] . Administrative Science Quarterly, 1990, 35: 634 - 657.

[57] Edstrom A. , & Galbraith J. Transfer of Managers as a Coordination and Control Strategy in Multinational Organizations [J] . Administrative Science Quarterly, 1997, 22: 248 - 263.

[58] Feldman D. C. , Folks W. R. , & Turnley W. H. Mentor - protégé Diversity and Its Impact on International Internship Experience [J] . Journal of Organizational Behavior, 1999, 20: 597 - 611.

[59] Flanagan J. C. The Critical Incident Technique [J] . Psychological Bulle-

tin, 1954, 51 (4): 327 – 359.

[60] Forster N. Expatriates and the Impact of Cross Cultural Training [J]. Human Resource Management Journal, 2000, 10 (3): 63 – 78.

[61] Fountain J. E. A Note on the Critical Incident Technique – And Its Utility as a Tool of Public Management Research [J] . Note Presented at the Panel on Qualitative Methods, Annual Meeting of the Association of Public Policy and Management, Washington D. C. , November, 1999.

[62] Garonzik R. , Brockner J. , & Siegel P. A. Identifying International Assignees at Risk for Premature Departure: The Interactive Effect of Outcome Favorability and Prpcedural Fairness [J] . Journal of Applied Psychology, 2000, 85: 13 – 20.

[63] Glanz L. , Williams R. , & Hoeksema L. Sensemaking in Expatriation – A Theoretical Basis [J] . Thunderbird International Business Review, 2001, 43: 101 – 119.

[64] Greenberg J. , & Tomlinson E. C. Situated Experiments in Organizations: Transplanting the Lab to the Field [J] . Journal of Management, 2004, 30 (5): 703 – 724.

[65] Gregersen H. B. , & Black J. S. Antecedents to Commitment to a Parent Company and a Foreign Operation [J] . Academy of Management Journal, 1992, 35: 65 – 90.

[66] Gregersen H. B. , & Black J. S. Multiple Commitment Upon Repatriate: The Japanese Experience [J] . Journal of Management, 1996, 22: 209 – 229.

[67] Gregersen H. B. , & Hite J. M. , & Black J. S. Expatriate Performance Appraisal in US Multinational Firms [J] . Journal of International Business Studies, 1996, 27: 711 – 743.

[68] Gregersen H. B. , & Stroh L. K. Coming home to the Artic Cold: Antecedents to Finnish Expatriate and Spouse Repatriation Ajustment [J] . Personnel Psychology, 1997, 50: 635 – 654.

[69] Gudykunst W. B. , & Hammer M. R. Stangers and hosts – An Uncertainty Reduction Based Theory of Intercultural Adaption [M] . In Y. Y. Kim, & W. B. Gudykunst (Eds.), Cross – cultural adpation – Current approaches (pp. 106 –

139）[J] . Newbury Park, CA: Sage Publications, 1988.

[70] Gullaborn J. T. , & Gullaborn J. E. An Extension of the U – curve Hypothesis [J] . Journal of Social Issues, 1963, 19: 33 – 47.

[71] Gupta A. K. , & Govindarajan V. Knowledge Flows Within Multinational Corporations [J] . Strategic Management Journal, 2000, 21: 473 – 496.

[72] Hammer M. , Hart W. , & Rogan R. Can You Go Home Again? An Analysis of the Repatriation of Corporate Managers and Spouses [J] . Management International Review, 1998, 38（1）: 67 – 86.

[73] Harrison D. A. , Shaffer M. A. Mapping Criterion Space for Expatriate Success: Task and Relationship Based Performance, Effort and Adaptation [M]. Presented at the 2001 Meeting of the Academy of Management. Washington, D. C. , 2001.

[74] Harrison D. A. , Shaffer M. A. Moving Outward from Organizations: Person – culture Fit in the Experience of Expatriate [M] . Presented at the 2002 Meeting of the Academy of Management. Washington, D. C. , 2002.

[75] Haslberger A. The Complexities of Expatriate Adaption [J] . Human Resource Management Review, 2005, 15（2）: 160 – 180.

[76] Harvey M. , Novicevic M. The Role of Political Competence in Global Assignments of Expatriate Managers [J] . Journal of International Management, 2002, 8: 389 – 406.

[77] Harvey M. Dual – career Expatriates: Expectations, Adjustment and Satisfaction with International Relocation [J] . Journal of International Business Studies, 1997, 28: 627 – 658.

[78] Heenan D. A. , Perlmutter H. V. Multinational Organization Development Reading [M] . Mass: Addison Wesley, 1979.

[79] Hisrich R. D. , Peters M. P. Entrepreneurship: Starting, Developing, and Managing a New Enterprise [M] . Chicago, IL: Irwin, 1998.

[80] Jack D. W. , Stage V. C. Success Strategies for Expats [J] . T + D, 2005, 59（9）: 48 – 51.

[81] Lait J. W. , & Wallace J. Stress at Work: A Study of Organizational – pro-

fessional Conflict and Unmet Expectations ［J］. Relations Industrielles, 2002, 57 (3).

［82］ Javidan M. , & House R. Leadership and Cultures around the World: Findings from GLOBE, An Introduction to the Special Issue ［J］. Journal Of World Business, Special Issue, Number 1, 2002: 1 – 2.

［83］ Jiang J. D. , Wang Z. M. , & Li D. Z. Refinement and Validation of the Integrated Model of the Expatriate Career Management Process. 28th International Congress of Psychology ［J］. Auguest 8 – 13, 2004. Beijing, China, 2004.

［84］ Johnson E. C. , Kristof – Brown A. L. , Van Vianen A. E. , De Pater I. E. , Klein M. R. Expatriate Social Ties: Personality Antecedents and Consequences for Adjustment ［J］. International Journal of Selection & Assessment, 2003, 11 (4): 277 – 288.

［85］ Kincaid D. L. The Convergence Theory and Intercultural Communication ［M］. In Y. Y. Kim, & W. B. Gudykunst (Eds.), Theories in Intercultural Communication (pp. 299 – 321). Newbery Park, CA: Sage Publications, 1988.

［86］ Klein K. J. , Tosi H. , & Cannella A. A. , Jr. Multilevel Theory Building: Benefits, Barriers, and New Developments ［J］. Academy of Management Review, 1999, 24: 243 – 248.

［87］ Kline H. J. , Mary G. , Heather N. Effects of Organizational Rank and Length of Time in Assignment on Expatriate Commitment ［J］. Social Science Journal, 2004, 41 (3): 471 – 476.

［88］ Kraimer M. L. , Wayne S. , Jaworski R. A. Sources of Support and Expatriate Performance: The Mediating Role of Expatriate Adjustment ［J］. Personnel Psychology, 2001, 54: 71 – 99.

［89］ Kraimer M. L. , Wayne S. An Examination of Perceived Organizational Support as a Multidimensional Construct in the Context of an Expatriate Assignment ［J］. Journal of Management, 2003, 30 (2): 209 – 237.

［90］ Leiba – O' Sullivan, S. The Distinction Between Stable and Dynamic Cross – cultural Competencies: Implications for Expatriate Trainability ［J］. Journal of Internatonal

Business Studies, 1999, 30: 709 - 725.

[91] Leung K. , Smith P. B. , Wang Z. , & Sun, H. Job Satisfaction in Joint Venture in China: An Organizational Justice Analysis [J] . Journal of International Business Studies, 1996, 27: 947 - 962.

[92] Leung K. , Wang Z. M. , Smith P. B. Job Attitudes and Organizational Justice in Joint Venture Hotels in China: The Role of Expatriate Managers [J]. International Journal of Human Resource Management, 2001, 12 (6): 926 - 945.

[93] Liden R. C. & Maslyn J. M. Multidimensionaltiy of Leader - member Exchange: An Empirical Assessment Through Scale Development [J] . Journal of Management, 1998, 24: 43 - 72.

[94] Liden R. C. , Sparrowe R. T. & Wayne S. J. Leader - member Exchange Theory: The Past and Potential for the Future [J] . Research in Personnel and Human Resources Management, 1997, 15: 47 - 119.

[95] Lievens F. , Harris M. M. , Van Keer E. , Bisqueret C. , Predicting Cross - cultural Training Performance: The Validity of Personality, Cognitive Ability, and Dimensions Measured by an Assessment Center and a Behavior Description Interview [J] . Journal of Applied Psychology, 2003, 88 (3): 476 - 489.

[96] Lysgaard S. Adjustment in a Foreign Country: Norwegian Fulbright Grantees Visiting the United States [J] . International Social Science Bulletin, 1955, 7: 45 - 51.

[97] Marino K. E. , Castaldi R. M. , & Dollinger M. J. Content Analysis in Entrepreneurship Research: The Use of Initial Public Offerings [J] . Entrepreneurship Theory and Practice, Fall. 1989: 51 - 66.

[98] Mendenhall M. , Kuhlmann T. , Stahl G. , Osland J. Employee Development and Expatriate Assignments: A Review of the Expatriate Adjustment Theory Literature. In Gannon, M. & Newman, K. (eds.) Handbook of Cross - Cultural Management [J] . Oxford, U. K. 2002: 155 - 183.

[99] Mendenhall M. , Oddou G. The Dimensions of Expatriate Acculturation: A Review [J] . Academy of Management Review, 1985, 10: 39 - 47.

[100] Morris M. A. , & Robie C. A Meta - analysis of the Effects of Cross - cul-

tural Training on Expatriate Performance and Adjustment ［J］. International Journal of Training and Development, 2001, 5 (2): 112 –125.

［101］ Morris R. Computerized Content Analysis in Management Research: A Demostration of Advantages & Limitations ［J］. Journal of Management, 1994, 20 (4): 903 –931.

［102］ Rao A. , & Hashimoto K. Intercultural Influence: A Study of Japanese Expatriate Managers in Canada ［J］. Journal of International Business Studies, 1996, 27: 443 –466.

［103］ Rhoades L. , Eisenberger R. Perceived Organizational Support: A Review of the Literature ［J］. Journal of Applied Psychology, 2002, 87 (4): 698 –714.

［104］ Rosenzweig P. M. The new' American Challenge': Foreign Multinationals in the United States ［J］. California Management Review, Spring, 1994: 107 –123.

［105］ Rousseau D. New Hire Perceptions of Their Own and Their Emplyer's Obligation: A Study of Psychological Constract ［J］. Journal of Organizational Behavior, 1990, 11: 389 –400.

［106］ Rousseau D. Psychological Constracts in Organizations: Understanding Written and Unwritten Agreement ［J］. Sage Publications, 1995.

［107］ Rousseau S. , Kraatz M. , Rousseau D. Changing Obligations and the Psychological Constract: A Longitudinal Study ［J］. Academy of Management Journal, 1994, 37: 137 –152.

［108］ Rousseau D. Assessing Psychological Constract: Lssues, Alternatives and Measures ［J］. Journal of Organizational Behavior, 1998, 19: 679 –695.

［109］ Schaffer B. S. , Riordan C. M. A Review of Cross –cultural Methodologies for Organizational Research: A Best –practices Approach ［J］. Organizational Research Methods, April, 2003, 6 (2): 169 –215.

［110］ Schein E. H. Coming to A New Awareness of Organizational Culture ［J］. Sloan Management Review, 1984: 3 –16.

［111］ Selmer J. , Alicia S. M. Leung, Female Business Expatriates: Coping Strategies and Adjustment ［J］. Academy of Management, August, 2004: 6 –11.

[112] Selmer J. Psychological Barriers to International Ajustment: North American vs. Western European Business Expatriates in China [J]. Cross Cultural Management – An International Journal, 2000, 7: 13 – 18.

[113] Sergeant A., Frenkel S. Managing People in China: Perception of Expatriate Managers [J]. Journal of World Business, 1998, 33 (1): 17 – 34.

[114] Shaffer M. A., & Harrison D. A. Expatriates' Psychological Withdrawal from International Assignments: Work, Nonwork, and Family Influence [J]. Personnel Psychology, 1998, 51: 87 – 118.

[115] Shaffer M. A., Harrison D. A., Gilley K. M. Dimensions, Determinants, and Differences in the Expatriate Adjustment Process [J]. Journal of International Business Studies, 1999, 30 (3): 557 – 581.

[116] Shaffer M. A., Harrison D. A., Gilley K. M., Luk D. M. Struggling for Balance Amid Turbulence on International Assignment: Work – Family Conflict, Support and Commitment [J]. Journal of Management, 2001, 27 (1): 99 – 121.

[117] Shaffer M. A., Ferzandi L., Harrison D. A., Gregersen H. B., & Black J. S. You Can Take in with You: Individual Differences and Expatriate Effectiveness [J]. Presented at the 2003 Meeting of the Academy of Management, Seattle, Washington, 2003.

[118] Shane S., Venkataraman S., & MacMillan I. Cultural Differences in Innovation Champion Strategies [J]. Journal of Managemen, 1995, 21 (5): 931 – 952.

[119] Shore L. M., Tetrick. L. E. A Construct Validity Study of the Survey of Perceived Organizational Support [J]. Journal of Applied Psychology, 1991, 76 (5): 637 – 643.

[120] Shrinivas P. B., Harrison D. A., Shaffer M. A., Luk D. M., What Have We Learned about Expatriate Adjustment?: Answers Accumulated From 23 Years of Research [M]. BPC Papers on Cross – cultural Management, 2004.

[121] Smith E. R. Research Design. In H. T. Reis & C. M. Judd (Eds.), Handbook of Research Methods in Social and Personality Research: 17 – 39 [M]. New York: Cambridge University Press, 2000.

［122］Solomon C. M. Repatriation: Up, Down Or Out? ［J］. Personnel Journal, 1995, 74 (1): 28 – 36.

［123］Spreitzer G. M. , McCall M. W. , & Mahoney J. D. Early Identification of International Executive Potential ［J］. Journal of Applied Psychology, 1997, 82: 6 – 29.

［124］Swailes S. Organizational Commitment: A Critique of the Construct and Measures ［J］. International Journal of Management Review, 2002, 4 (2): 155 – 178.

［125］Sugiura T. , Pirola – Merlo A. The Effect of Crosscultural Ajustment on Performance and Turnover Intension of Expatriate Managers ［J］. Australian Journal of Psychology, 2003, 55: 63 – 68.

［126］Suutari V. , & Tahvanainen M. The Antecedents of Performance Management Among Finnish Expatriates ［J］. International Journal of Human Resource Management, 2001, 13 (1): 55 – 75.

［127］Torbiom I. Living Abroad: Personal Adjustment and Personnel Policy in the Overseas Setting ［M］. New York: John Wiley, 1982.

［128］Trochim W. The Research Methods Knowledge Base ［J］. 2 Edition. Atomic Dog Publish, 2001.

［129］Tung R. L. Strategic Management of Human Resource in the Multinational Enterprise ［J］. HR Management, 1984, 23 (2): 129 – 143.

［130］Van Oudenhoven J. P. , Van der Zee. K. I. Van Kooten. M. Successful Adaption Strategies According Expatriates ［J］. International Journal of Intercultural Relations, 2001, 25: 467 – 482.

［131］Van Vianen A. , Pater I. E. , Kristof – Brown A. L. , Johnson E. C. Fitting in: Surface – and Deep – Level Cultural Differences and Expatriates' Adjustment ［J］. Academy of Management Journal, 2004, 47 (5): 697 – 709.

［132］Wang Z. M. , Schneider B. A Longitudinal Study on Cross – cultural Leadership Team Development in 40 Chinese Local and Joint Venture Companies ［M］. In Z. M. Wang (Ed.), China HR and OB Research Review, Shanghai: The Shanghai People's Press, 2003.

[133] Ward C. , Okunra Y. , Kennedy A. , Kojima T. The U – curve on Trial: A Longitudinal Study of Psychological and Sociocultural Adjustment During Cross – cultural Transition [J] . International Journal of Intercultural Relations, 1998, 22: 277 – 291.

[134] Weber R. Basic content analysis, 1985.

[135] Werner S. Recent Developments in International Management Research: A Review of 20 Top Management Journals [J] . Journal of Management, 2002, 28 (3): 277 – 305.

[136] Winston T. An Introduction to Case Study [J] . The Qualitative Report. 3, 1997.

[137] Yan A, & Zhu G. R. International Assigment for Career Building: A Model of Agency Relationships and Psychological Contracts [J] . Academy of Management Review, 2002, 27 (3): 373 – 391.

[138] Yin R. K. Case Study Research: Design and Methods (2rd ED) [J]. Beverly Hills, CA: Sage, 1994.

后　　记

　　衷心感谢导师王重鸣教授和师母卢凤英女士对我的谆谆教导和悉心关怀。王重鸣老师那严谨的学风、高超的学识、渊博的学问、宽厚的学德，为我开启了一扇学术研究和为人处事的智慧之门。它不仅贯穿于昨天，而且也必将通畅于未来。

　　衷心感谢全体师兄弟姐妹的帮助和支持！

　　衷心感谢我的母亲邢金桂女士的辛苦培养，没有她的关爱就没有我的今天。在此慰藉母亲在天之灵。感谢我的妻子陶小工给予我生活上的关心以及精神上的鼓励和支持，没有她的帮助，我不可能顺利完成学业。

　　最后我用一首词来表达一下我的求学之路径和心情。

南歌子求学

千思逐愁云，万辛开慧明，

高师点睛灌心灵，

院深光暗江静，金鸡鸣。

玄妙远无语，经典通智定，

自空膺道悟中行，

梅桂荷桃时节，香满庭。

姜金栋

2014 年 6 月